# VOCABULARY
## BUILDER

# GERMAN

## Mastering the Most Common German Words and Phrases

by
Eva Maria Weermann

BARRON'S

*438*
*Wee*
*pb*

This symbol  marks practical tips that make learning fast and easy.

This symbol indicates an exercise to be done independently. No answers are provided.

This symbol tells you that you need to write something.

*All inquiries should be addressed to:*
Barron's Educational Series, Inc.
250 Wireless Boulevard
Hauppauge, NY 11788
*http://www.barronseduc.com*

ISBN-13: 978-0-7641-1823-4
ISBN-10: 0-7641-1823-4

Library of Congress Catalog Card Number 2001086127

Printed in the United States of America
9 8 7 6 5 4

# Table of Contents

## Chapter 1

Expand Your Vocabulary
*Erweitern Sie Ihren Wortschatz* . . . . . . . 5

## Chapter 2

Word Groups
*Wortgruppen* . . . . . . . . . . . . . . . . . . . 21

## Chapter 3

Topics
*Themen* . . . . . . . . . . . . . . . . . . . . . . 38

## Chapter 4

Situations
*Situationen* . . . . . . . . . . . . . . . . . . . . 61

# Chapter 1

# Erweitern Sie IhrenWortschatz
## *Expand Your Vocabulary*

### 1. Words are a means of communication

Words are not the only means of communication, but they are one of the most important. Every living language has a large lexicon that is continually growing and being adapted to meet new needs. That is why it is important to develop a large vocabulary and to understand how words are formed.

### 2. Practice as a part of your daily routine

The best way to retain a word is to use it. Make vocabulary study a part of your daily life. Decide what German words you would use to name the things you see around you, or to describe what you are doing at the moment. Words learned in this way are easier to remember.

### 3. Your goal is communication

You successfully reach that goal when you make yourself understood. Avoiding mistakes is not your primary concern; just try to achieve your goal. Only someone who says nothing at all can keep from making a mistake!

### 4. Bridging gaps in your vocabulary

Learn how to deal with gaps in your vocabulary. Improvise, and find a way to paraphrase the missing words. This ability can be acquired through practice. The "independent" exercises in this book are meant to encourage you to do just that. For those exercises, we have intentionally provided no pointers and no answers. Imagination and an ability to improvise are called for here.

### 5. This chapter is important

It will give you information you need in order to do the exercises in the following chapters. Moreover, you will find ten golden rules with additional valuable suggestions to make learning easier.

# 1.1 So benutzen Sie dieses Buch
*How to Use This Book*

1. First, work your way through this entire chapter. Then you will be familiar with the methods used in this book.

2. After you finish the first chapter, you can approach the other chapters and individual exercises in any order you like. Look at the Table of Contents, and then choose the topics that interest you and are important to you.

3. If your command of basic rules is a little rusty, Chapter 7 will give you information about certain rules of grammar in capsule form.

4. Your investment of time and effort should yield a high return! Refer to the answer key beginning on page 110 only to check your results.

5. Check your progress! Use the five tests beginning on page 105.

6. The glossary contains important words and tells you where they first occur in this book. Nouns are listed along with the article and the plural form, and irregular verb forms are indicated.

# 1.2 10 goldene Regeln
*Ten Golden Rules*

### 1. Don't be afraid of your own mistakes!

You should stand by your mistakes. Collect your mistakes and record them systematically, under these headings, for example: vocabulary, idioms/turns of phrase, grammar, colloquialisms, pronunciation, spelling, verbs, word order...
Along with the mistakes, make a note of the correct form, and learn from your example how to say it the right way.

---

*falsch: Wir __haben__ nach Berlin __gegangen__.*
*richtig: Wir __sind__ nach Berlin __gefahren__.*

a) *Verben der Bewegung immer mit „sein"!*

*z. B.*
*fahren* → *ich __bin__ gefahren*
*gehen* → *ich __bin__ gegangen*
*fliegen* → *ich __bin__ geflogen*

b) *„gehen" bedeutet normalerweise „zu Fuß gehen"!*

---

## 2. Always learn in context.

Always learn words and phrases in context and in groups. Along with each noun, memorize – at a bare minimum – the article and the plural form; with each verb, learn at least one example of its use.

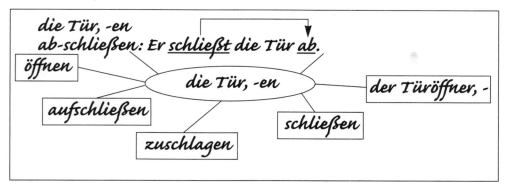

## 3. I know that I already know a lot!

Even if your German is not yet very good, you already understand quite a lot. German, like other European languages, contains many international terms, words of Greek or Latin origin.

Moreover, since you know English, German is no problem: You already know roughly 1,000 words!

| deutsch: | Problem | Telefon | Kaffee |
|---|---|---|---|
| englisch: | problem | (tele)phone | coffee |
| französisch: | problème | téléphone | café |
| spanisch: | problema | teléfono | café |
| italienisch: | problema | telefono | caffè |
| russisch: | проблема | телефóн | кóфе |
| polnisch: | problem | telefon | kawa |

## 4. "Bathe" in the language!

You need to hear, read, speak, and "see" German – as much as possible. The more you "immerse" yourself in the language, the more you will learn.

Watch German films, read material in German – from newspapers to comic books – listen to German radio programs (most students abroad have access to Deutsche Welle), and talk to Germans, Austrians, and Swiss wherever and whenever possible.

The more senses you can involve in the language acquisition process, the better your progress will be.

## 5. One picture says more than a thousand words!

Pictures – "visualizations" – give considerable support to the learning process.
Think up your own pictures to illustrate words and expressions.
It is helpful to arrange nouns according to the definite article, using a symbol to represent the article.

## 6. In the beginning was the word!

Vocabulary is the most important part of learning a language.
Put together your own lexicon, containing the words that are important to you.
Use index cards – they are cheap, flexible, and easy to transport.

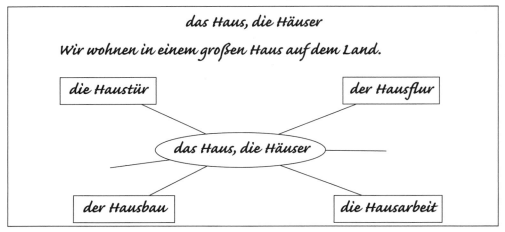

Never leave the back of the index card blank. Write down the English translation of the word or phrase, as well as other examples and explanations.
Take your index cards along when you leave the house. And when the bus is late (again), use the opportunity for studying vocabulary.

## 7. Learning is like eating!

It's better to eat small amounts at frequent intervals than a gigantic meal at one sitting.

Through constant repetition you can ensure that you retain words better. If you don't review what you learn, you will have forgotten more than 60 percent of the material after one day, and over 80 percent after one month. Ten to 15 minutes of repetition and review each day will guarantee better retention. Set aside certain times and places for study. You'll form a habit that will be hard to break.

## 8. You've just got to have the know-how!

Develop good learning techniques as you hear, read, and write German.
It's almost never really necessary to be able to understand, much less to translate, every word. You can usually get the gist when you read a text, for example:
Concentrate on
- the heading,
- the subheadings, and
- the first sentence of each paragraph.

As a guideline, use the "W" questions of journalism:

warum?    wann?

Wer sagt was zu wem?    wozu?

wie?    wo?

## 9. Use the dictionary at the right moment.

Never go to the dictionary right away when you don't understand something.
That will result in looking up a lot of things that you actually already know. Besides, you won't make progress that way.
Instead, try every other possibility: Rely on the context, venture a guess, ask someone, skip over the difficult parts of the material – often it turns out that they aren't so important after all.

Naturally, a dictionary goes with language learning the way salt goes in soup. Use a monolingual dictionary for your study of German. If you need an exact translation, look in a bilingual dictionary. When buying a dictionary, look for quality – a bad dictionary will do more harm than good.

## 10. Your way is the goal!

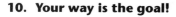

Actually, you already know how you yourself learn most successfully. And that's what really matters.

Do you learn a foreign language best through music and memorization? Do you only need to hear a word once or twice in order to commit it to memory and pronounce it correctly as well? Do you prefer learning alone or in a group? Do you especially enjoy computer games?
Are there certain kinds of exercises that you (don't) enjoy?

Decide for yourself what and how much you want to learn. And don't be too strict with yourself. If the material is difficult, it's sufficient to write down and learn ten words.
And finally: You don't need to show any great respect for the printed page. If it helps you learn, just write in your books or mark whatever is important to you.

# 1.3 Wichtige Begriffe
*Important Terms*

If you already know the words in the left-hand column, you can skip this section. But if you don't, look at the illustrative sentences on the right. The words in boldface correspond to the grammatical terms on the left.

**Match each sentence with the appropriate grammatical term.**

1. Nomen/Substantiv
2. Verb
3. Adjektiv
4. Artikel
5. Präposition
6. Personalpronomen
7. Adverb
8. Konjunktion
9. Numerale

a. **Er** lernt jeden Tag 10 neue Wörter.
b. Sie geht zum Lernen **in** den Park.
c. Wir haben gestern ein **Wörterbuch** gekauft.
d. Sie lesen jeden Tag **die** Zeitung.
e. Ihr **wiederholt** täglich einen Abschnitt.
f. Du schreibst heute 10 **neue** Wörter auf.
g. Peter war **der Erste** im Wettrennen.
h. **Heute** regnet es den ganzen Tag.
i. Isst du lieber Fisch **oder** Fleisch?

| 1. *c* | 2. ____ | 3. ____ | 4. ____ | 5. ____ | 6. ____ | 7. ____ | 8. ____ | 9. ____ |
|--------|---------|---------|---------|---------|---------|---------|---------|---------|

# 1.4 Wortfamilien
*Word Families*

Often, similarities help us recognize members of a family, even if the name sometimes is all they have in common. With word families, it's easy: they always have at least <u>one</u> identical component, even if they are different parts of speech.

Beispiel: der Freund  ➔  die *Freund*schaft, *freund*lich, sich be*freund*en
*freund*schaftlich (lich, be, en, schaftlich, schaft)

**Fill in the blanks with the syllables provided. (The number of dots corresponds to the number of letters to be filled in.)**

krank  ➔  die *Krank*...., ..*krank*.., der *Krank*., das *Kranke*n.... (haus, heit, e, er, en)

fahren  ➔  das *Fahr*...., der *Fahr*.., *fahr*..., ..*fahr*.. (bar, en, er, er, zeug)

lieben  ➔  die *Lieb*......, das *Liebe*s...., sich ...*lieb*.., *lieb*... (en, los, paar, schaft, ver)

11

# 1.5 Wortfelder
*Word Fields*

Words are more easily absorbed when they are related in content. Therefore, it is helpful to write down vocabulary items in word fields. Word fields contain words that are the same part of speech, but belong to different families. The fields have a common, unifying category: "vehicles," for example.

Fahrzeuge: Bus, Auto, Zug, Motorrad, Straßenbahn, U-Bahn, Fahrrad

***Cross out the word that doesn't belong. Find a unifying category and write it in the blank.***

| Musikinstrumente | Kleidung | Verben der Bewegung |
| Möbel | Hausarbeit | |

1. _____: Anzug, Sessel, Mantel, Socke, Nachthemd, Hose, Bluse

2. _____: spülen, putzen, waschen, aufräumen, streichen, kochen

3. _____: Geige, Flöte, Gitarre, Klavier, Notenständer, Trompete

4. _____: Tisch, Bett, Schrank, Haus, Stuhl, Sofa, Garderobe

5. _____: laufen, gehen, springen, klettern, schwimmen, spielen

# 1.6 Themenbereiche
*Topic Areas*

Words in topic areas have to do with some general subject or sphere of interest. They include items from different word families and different parts of speech. Here you can personalize your vocabulary by compiling groupings of words that you yourself find important or interesting. Ideally, you should arrange words from a topic area to form a network.

***Put the following terms where they belong in the word network on the next page:***

| Film anschauen | Finanzamt | einkaufen | Universität |
| besuchen | ~~essen gehen~~ | Theater | Taxi |

# Wortnetz Stadt

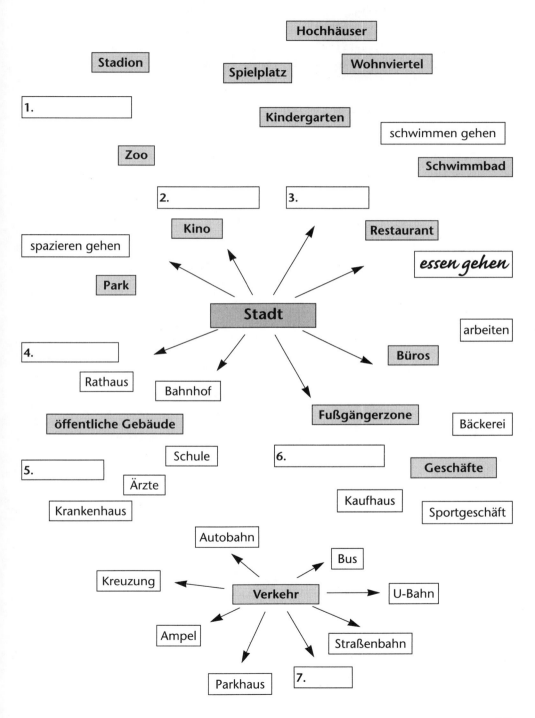

Hochhäuser

Stadion

Spielplatz

Wohnviertel

1.

Kindergarten

schwimmen gehen

Zoo

Schwimmbad

2.

3.

Kino

Restaurant

spazieren gehen

*essen gehen*

Park

**Stadt**

arbeiten

4.

Büros

Rathaus

Bahnhof

Fußgängerzone

Bäckerei

öffentliche Gebäude

Schule

6.

Geschäfte

5.

Ärzte

Kaufhaus

Krankenhaus

Sportgeschäft

Autobahn

Bus

Kreuzung

**Verkehr**

U-Bahn

Ampel

Straßenbahn

Parkhaus

7.

13

# 1.7  Wörter umschreiben
*Paraphrasing Words*

Paraphrasing words is an effective method of making substitutions for words that you don't know or have forgotten. You can describe the shape, the color, the size, the function, or other characteristics.

---

*Schlüssel:*  *ist klein und meist silbern*
*braucht man zum Auf- und Zuschließen der Tür*
*verliert man leicht*

---

### 1. Which explanation is correct? Mark the appropriate letters.

1. Nachtisch
   - a) ein kleiner Tisch, der im Notfall benutzt wird
   - b) Name für nächtliche Arbeitszeit
   - c) ein süßes Gericht nach dem Hauptmenü

2. Feierabend
   - a) Abend, an dem man ein Fest feiert
   - b) Zeit nach Beendigung der Arbeit
   - c) ein bestimmter Abend im Jahr

3. Ausweg
   - a) Ausgang aus einem Gebäude
   - b) der Weg nach Hause
   - c) Lösung für ein bestehendes Problem

4. Flaschenöffner
   - a) etwas, womit man Flaschen aufmacht
   - b) jemand, der in feinen Restaurants die Getränke öffnet
   - c) ein Schlüssel in Form einer Flasche

5. Aushilfe
   - a) universal nutzbares Werkzeug
   - b) eine kurzzeitig bei der Arbeit mithelfende Person
   - c) Rettung aus einer Notlage

### 2. Think up your own ways to paraphrase these words:

a) Brille _____

_____

b) Messer _____

_____

c) Nachtbus _____

_____

d) Tankstelle _____

_____

# 1.8 Wortpartnerschaften
*Word Partnerships*

Word partnerships are fixed combinations of two or more words that develop in a
language. It is helpful to learn words in "partnerships."

| Man sagt beispielsweise | ein Foto *machen*, nicht ein Foto *nehmen* |
|---|---|

### Mark the correct answer.

1. eine Entscheidung      a) machen    oder    b) treffen
2. seine Meinung      a) ändern    oder    b) wechseln
3. von der U-Bahn in den Bus      a) wechseln    oder    b) umsteigen
4. eine Frage      a) stellen    oder    b) machen
5. Deutsch      a) können    oder    b) kennen
6. im Bett      a) liegen    oder    b) legen
7. reiten      a) wissen    oder    b) können

# 1.9 Arbeit mit dem Wörterbuch
*Working with a Dictionary*

In a good dictionary, you will find not only the translation of a word, but also useful
information about grammar, pronunciation, spelling, and practical use. You can get the
most out of your dictionary only if you know how it is organized, however. Take time to
read the preface, and familiarize yourself with the structure of the book. Take a careful
look at the list of abbreviations, too. It will be worthwhile.

### 1. Do you know the meanings of the abbreviations used here?

| | | | |
|---|---|---|---|
| etwas | Adjektiv | intransitiv | Konstruktion |
| Kompositum | umgangssprachlich | reflexiv | Akkusativ |

**Kap·pe** [ˈkapə] <-, -n> *die* Kopfbedeckung *eine ~ tragen;* **etw auf seine ~ nehmen** *(umg)* die Verantwortung für etw übernehmen *Ich nehme alles auf meine ~.* **Komp: Bade-**

• **ka·putt** [kaˈpʊt] <-, -> *adj (umg)* so, dass es nicht mehr funktioniert *Seine Uhr ist ~.;* **(total) ~ sein** *(umg)* sehr müde/erschöpft/fertig sein *Ich war nach der Wanderung total ~.*

• **ka·putt|ge·hen** <geht kaputt, ging kaputt, kaputtgegangen> *itr <sein> (umg)* nicht mehr funktionieren *Der Motor ist kaputtgegangen.*

**ka·putt|la·chen** <lacht kaputt, lachte kaputt, kaputtgelacht> *refl* K *jd lacht sich akk* **kaputt** *(umg)* sehr lachen *Mensch, über den Witz habe ich mich kaputtgelacht.*

(Excerpt from: PONS Basiswörterbuch Deutsch als Fremdsprache)

**2. Which figures of speech can you find in the dictionary excerpt? Underline them.**

**3. When you look up words in a dictionary, these rules are important:**

a) All verbs are listed in the infinitive form. Example: er <u>sang</u> ein schönes Lied – "singen."
b) Not all compound words are listed in the dictionary – if you can't find a compound, look up its individual components. Example: for "Reiheneckhaus," look under "Reihe," "Ecke," and "Haus."
c) All nouns are listed in the singular. Example: for "Bücher," see "Buch."
d) Separable verbs frequently are listed under the radical verb. Example: for "herausspringen," look under "springen."
e) Idiomatic expressions normally are listed under the noun. Example: for the meaning of "auf der Hut sein," look under "Hut."

 *Now, with the help of your dictionary, translate the following sentences:*

a) Er liest gerne Krimis.
b) Lotte will immer mit dem Kopf durch die Wand.
c) Das Fußballstadion war gut besucht.
d) Polen liegt östlich von Deutschland.

# 1.10 Gegensätze
*Opposites*

Many words (adjectives, nouns, verbs) are easier to remember if you memorize their opposites at the same time. The two terms belong together, like the two sides of a coin. Example: heiß – kalt.

| dunkel | teuer | leise | krank | alt | spitz |
|---|---|---|---|---|---|
| spät | schmal | fest | hart | schwarz | ~~lang~~ |

**1. Which adjectives belong together? Create pairs of opposites.**

1. kurz ↔ *lang*_____
2. weiß ↔_____
3. breit ↔_____
4. flüssig ↔_____
5. hell ↔_____
6. gesund ↔_____

7. früh ↔_____
8. stumpf ↔_____
9. neu ↔_____
10. laut ↔_____
11. billig ↔_____
12. weich ↔_____

## 2. Which verb is the right one?

| | | | |
|---|---|---|---|
| ~~finden~~ | Schweigen | erinnern | kaufen |
| gehen | fragen | Nehmen | schließen |

a) Ich *suche* schon eine Stunde nach der Videokassette, ich kann sie einfach nicht

   *finden.*

b) Lisa will ihr Haus *verkaufen*, aber wer _____ schon ein so kleines Haus?

c) Sie *öffnet* die Tür, _____ sie aber gleich wieder.

d) Ein deutsches Sprichwort heißt: *Geben* ist seliger als _____.

e) Ein anderes Sprichwort heißt: *Reden* ist Silber, _____ ist Gold.

f) Statt mich ständig etwas zu _____, solltest du mir lieber *antworten*.

g) Warum *vergisst* du immer alles? Kannst du dich wirklich nicht _____?

h) Kaum war er *gekommen*, da musste er auch schon wieder _____.

## 3. Which word is correct? Cross out the incorrect word.

a) Die Kasse im Supermarkt ist am ~~Eingang~~/*Ausgang.*

b) Er hat für den *Niederlage/Sieg* viel Geld bekommen.

c) Das Unternehmen schreibt schwarze Zahlen, es macht *Verlust/Gewinn.*

d) Bei der *Hitze/Kälte* muss man Handschuhe tragen.

e) Meine Frau weiß immer schon am *Ende/Anfang* des Krimis, wer der Mörder ist.

f) Bei seiner *Ankunft/Abreise* war er noch ein junger Mann.

g) Ich möchte gerne eine *Frage/Antwort* stellen.

# 1.11 Texte erschließen

*Dealing with Passages of Prose*

Don't be afraid of reading material in German! Here's the most important rule: Reading doesn't mean translating! You don't need to know every word in order to understand a text.

***1. Read only the heading, and then look at the drawing. What is this passage about?***

Ein ganz besonderer Morgen

Ich hasse Aufstehen, ganz besonders am Montagmorgen. Der Wecker klingelt endlos, weil man den Knopf zum Ausschalten mit geschlossenen Augen nicht so schnell findet. Dann denkt man als Erstes an die neue Arbeitswoche, an unerledigte Arbeiten und schlecht gelaunte Kollegen. Zum Frühstücken in Ruhe hat man keine Zeit und erst recht nicht zum Lesen der Zeitung: Die Kinder müssen noch schnell Hausaufgaben machen, die sie vergessen haben, und brauchen Hilfe beim Anziehen. Dazwischen klingelt ständig das Telefon. Man verlässt das Haus mit einer langen Liste von Dingen, die man in der Mittagspause erledigen soll. Schließlich steht man mit dem Auto im morgendlichen Stau und ärgert sich: Warum fahren die anderen nicht der Umwelt zuliebe mit dem Bus zur Arbeit?

Doch gestern war alles anders: Ich wachte auf, zog mich an und hatte genügend Zeit um in aller Ruhe zu frühstücken. Die Kinder saßen artig am Tisch und störten mich nicht einmal beim Lesen der Zeitung. Bei strahlendem Sonnenschein fuhr ich zur Arbeit: kein Stau, grüne Ampeln und ein leerer Parkplatz. Alles war wunderbar, bis ich die Tür zu meinem Büro aufschloss: kein Kollege, kein Kaffeeduft, kein Summen der Computer…? Und dann fiel mein Blick auf den Wandkalender! Kein Wunder, es war Sonntag!

**2. Now read the entire passage. Does it contain the following information? Mark "ja" or "nein."**

|  | ja | nein |
|---|---|---|
| a) Der Erzählende steht morgens nicht gerne auf. | X | ☐ |
| b) Wenn er den Wecker ausmacht, hat er die Augen noch geschlossen. | ☐ | ☐ |
| c) Er frühstückt in Ruhe und liest die Zeitung. | ☐ | ☐ |
| d) Seine Kinder machen Hausaufgaben beim Frühstück. | ☐ | ☐ |
| e) Die Straße ist frei, weil alle mit dem Bus zur Arbeit fahren. | ☐ | ☐ |
| f) Als er zur Arbeit fuhr, schien die Sonne. | ☐ | ☐ |
| g) Im Büro wartete eine Überraschung auf ihn. | ☐ | ☐ |

**Give the present tense of all the verbs in the second paragraph, along with the infinitive form.**

| | |
|---|---|
| war | *ist (sein)* |
| saßen | _____ |
| wachte ... auf | _____ |
| störten | _____ |
| zog ... an | _____ |
| fuhr | _____ |
| hatte ... Zeit | _____ |
| öffnete | _____ |
| klingelte | _____ |
| holte | _____ |

# 1.12 Kulturelle Besonderheiten
## *Special Cultural Features*

Language and culture are intimately related. When you learn a new language, you learn about a new culture at the same time. There are different eating habits, rules of conduct, preferences, and values. Words like "work" and "family," for example, have different meanings in different cultures.

### 1. How do people behave in Germany? Mark the correct answer.

|  | stimmt | stimmt nicht |
|---|:---:|:---:|
| a) Bei der Begrüßung/Verabschiedung gibt man sich die Hand. . . . . | ☒ | ☐ |
| b) Klar seine Meinung zu sagen ist unhöflich. . . . . . . . . . . . . . . . . | ☐ | ☐ |
| c) Beim Essen legt man die linke Hand auf den Tisch. . . . . . . . . . . | ☐ | ☐ |
| d) Normalerweise sagt man „Sie" zu den Kollegen am Arbeitsplatz. . | ☐ | ☐ |
| e) Am Telefon meldet man sich mit „Hallo" oder sagt die Telefonnummer. . . . . . . . . . . . . . . . . . . . . . . . . . . . . . . . . . | ☐ | ☐ |
| f) Man spricht eine unverheiratete Frau mit „Fräulein" an. . . . . . . . | ☐ | ☐ |
| g) Man stellt sich in formellen Situationen mit seinem Nachnamen bzw. Vor- und Nachnamen vor. . . . . . . . . . . . . . . . . . . . . . . . . | ☐ | ☐ |
| h) Wenn man will, dass jemand in einer Behörde schneller arbeitet, muss man ihm ein Trinkgeld oder ein anderes Geschenk geben. . | ☐ | ☐ |
| i) Wenn man mit dem Service in einem Restaurant zufrieden ist, gibt man der Bedienung etwa 10 Prozent Trinkgeld. . . . . . . . . . | ☐ | ☐ |

Body language can provide clues to meaning when you are learning a foreign language. Therefore, in conversation it is very important to pay attention to the other person's gestures (hand motions), facial expressions, and posture.

### 2. What do these drawings tell us? Mark the correct expression.

| a) Ich weiß nicht. | d) Darf ich vorstellen? | g) Wie bitte? |
|---|---|---|
| b) Nein, auf keinen Fall! | e) Bitte setzen Sie sich doch! | h) Das ist ja super! |
| c) Du spinnst ja! | f) Es tut mir Leid. | i) Sofort aufhören! |

# Chapter 2

# Wortgruppen
## *Word Groups*

### 1. Learn words in groups.

You can learn new terms more easily and efficiently by grouping them according to subject matter. That way you get a better overview of words that are related in terms of content, such as words for clothing, times of day, colors, and so forth.

### 2. Compile vocabulary lists.

Arrange the words you want to practice in groupings, and find an appropriate heading for each group. If you like, use your dictionary and add other words that are important to you.

### 3. Pay attention to peculiarities in the word group that contains numbers:

- Sometimes people say "zwo" instead of "zwei," because "zwei" and "drei" sound so much alike.
- In written German, spell out the numbers from "null" through "zwölf," and use numerals for all others.
- With four-digit numbers, insert a period after the third place to improve readability: one thousand fifty = 1.050. Note that German uses periods where English uses commas.

### 4. ...and when stating the time:

In southern Germany "the clocks run differently." There, people frequently use quarter hours to state the times between the hours and half hours. For example, for 8:15 they say "viertel neun"; 8:45 is "drei viertel neun." If you're unfamiliar with this special way of indicating the time, you may miss an appointment.

## 2.1 Farben
*Colors*

It's best to memorize colors along with another term, for example, "schwarz – (wie die) Nacht."

### 1. Which color best fits the drawings?

a) rot

b) blau

c) grün

d) gelb

e) braun

f) schwarz

g) weiß

h) grau

i) orange

j) rosa

k) violett

### 2. To express shades and hues, you can combine various words with the color designation: Following the examples below, create colors.

| a) hell, mittel, dunkel, blass, zart, tief + Farbe | b) Nomen + Farbe | c) Farbe + Farbe |
|---|---|---|
| *dunkel + blau = dunkelblau* | *Nacht + blau = nachtblau* | *schwarz + blau = schwarzblau* |

| | | |
|---|---|---|
| blass + rosa = | Feuer + rot = | gelb + grün = |
| zart + lila = | Gras + grün = | grau + blau = |
| hell + blau = | Gold + gelb = | schwarz + braun = |
| tief + schwarz = | Pech + schwarz = | gelb + rot = |
| mittel + grün = | Schnee + weiß = | grün + blau = |

# Redewendungen mit Farben
*Idiomatic Expressions Using Colors*

**What do these idiomatic expressions using colors mean? Mark the correct answers.**

1. ein grünes Händchen haben
   - ☐ a) unerfahren sein
   - ☐ b) gut mit Pflanzen umgehen können
   - ☐ c) ungeschickt sein

2. rot wie eine Tomate sein
   - ☐ a) sich beim Sonnenbaden verbrannt haben
   - ☐ b) reif sein
   - ☐ c) sehr verlegen sein, sich schämen

3. blaumachen
   - ☐ a) nicht zur Arbeit gehen
   - ☐ b) sich betrinken
   - ☐ c) etwas blau anstreichen

4. schwarzfahren
   - ☐ a) sich sehr ärgern
   - ☐ b) ohne Fahrschein fahren
   - ☐ c) nachts unterwegs sein

5. ins Grüne fahren
   - ☐ a) losfahren, wenn die Ampel grün ist
   - ☐ b) in den Urlaub fahren
   - ☐ c) aufs Land fahren

6. ins Schwarze treffen
   - ☐ a) etwas richtig sagen oder tun
   - ☐ b) alles negativ sehen
   - ☐ c) immer den gleichen Fehler machen

7. blau sein
   - ☐ a) konservativ sein
   - ☐ b) betrunken sein
   - ☐ c) Hoffnung haben

8. auf keinen grünen Zweig kommen
   - ☐ a) nicht gefährdet sein
   - ☐ b) kein erfolgreicher Gärtner sein
   - ☐ c) wirtschaftlich nicht gut dastehen

9. mit einem blauen Auge davonkommen
   - ☐ a) in eine Schlägerei verwickelt sein
   - ☐ b) Glück im Unglück haben
   - ☐ c) sich verletzt retten können

10. rot sehen
    - ☐ a) wütend werden
    - ☐ b) an einer Augenkrankheit leiden
    - ☐ c) immer optimistisch sein

# 2.3 Zahlen
*Numbers*

## 1. Fill in the blanks.

| | | | | | | | | |
|---|---|---|---|---|---|---|---|---|
| 0 | _____ | 10 | zehn | 20 | zwanzig | _____ | (ein)hundert |
| 1 | eins | 11 | elf | 21 | _____ | 101 | _____ |
| 2 | zwei | 12 | zwölf | | | 1.000 | (ein)tausend |
| 3 | drei | 13 | _____ | 30 | dreißig | 1.001 | _____ |
| 4 | _____ | 14 | vierzehn | 40 | _____ | 10.000 | zehntausend |
| 5 | fünf | 15 | fünfzehn | 50 | fünfzig | _____ | zehntausendeins |
| 6 | sechs | 16 | sechzehn | 60 | _____ | 1.000.000 | _____ |
| 7 | sieben | 17 | _____ | 70 | siebzig | 2.000.000 | zwei Millionen |
| 8 | _____ | 18 | achtzehn | 80 | _____ | | |
| 9 | _____ | 19 | neunzehn | 90 | neunzig | | |

## 2. Spell out the following numbers.

a) 146 _____

b) 389 _____

c) 935 _____

d) 2.573 _____

## 3. Depending on their meaning, numbers are spoken in different ways. Write the correct answers in the blanks.

1998 → als Telefonnummer _____

→ als Jahreszahl _____

→ als Geldbetrag _____

eintausendneunhundertachtundneunzig    neunzehnhundertachtundneunzig
neunzehn achtundneunzig

24

# 2.4 Ordnungszahlen
## *Ordinal Numbers*

The ordinal numbers are formed by adding *-te(n)* to the cardinal number: fünf + *-te(n)* = der/die/das Füfte (5.), am Fünf*ten*
or, starting with the number 20, by adding *-ste(n)*: fünfundzwanzig + *-ste(n)* = der/die/das Fünfundzwanzig*ste* (25.), am Fünfundzwanzig*sten*.
The article always depends on the noun to which reference is made.

## 1. Fill in the blanks.

| | | | |
|---|---|---|---|
| 1. der _____ | 6. das _____ | 11. die Elfte | 20. der Zwanzigste |
| 2. die Zweite | 7. der _____ | 12. das Zwölfte | 21. die _____ |
| 3. das _____ | 8. die Achte | 13. der _____ | 60. das Sechzigste |
| 4. der Vierte | 9. das Neunte | 16. die _____ | 100. der _____ |
| 5. die Fünfte | 10. der _____ | 17. das _____ | 1.000. die _____ |

## 2. Who lives where? Play detective, and write down the answers.

| | | | |
|---|---|---|---|
| 4. Stock | Otto Wiesner | Familie Pandoni | Herta Clemens |
| 3. Stock | Familie Geiger | Anton Becker | Heike Wolff |
| 2. Stock | Familie Stegner | Egon Makulla | Familie Brandt |
| 1. Stock | Sabine Knapp | Familie Javurek | Max Häberle |
| Erdgeschoss | Anna Goldmann | K. und L. Lenz | Tonio Neonardo |

*Wer wohnt über Familie Brandt? – Über Familie Brandt wohnt Heike Wolff.*
*Wo ist das? – Das ist im dritten Stock neben Anton Becker.*

1. a) Wer wohnt unter Familie Geiger?
   b) Wo ist das?
2. a) Wer wohnt über Anna Goldmann?
   b) Wo ist das?
3. a) Wer wohnt rechts neben Familie Pandoni?
   b) Wo ist das?
4. a) Wer wohnt zwischen Familie Geiger und Heike Wolff?
   b) Wo ist das?
5. a) Wer wohnt unter Max Häberle?
   b) Wo ist das?

---

Incidentally: Ordinal numbers are not capitalized when they are used with a noun. If they stand alone, they are capitalized (for example, "der erste Preis," but "der Erste im Wettlauf").

# Feste und Feiertage

*Festive Occasions and Holidays*

In the German-speaking countries, there are between 10 and 16 holidays on which stores are closed and most people don't have to go to work. Most of them are religious holidays, such as Christmas and Easter.

**1. Fill in the blanks with the correct holidays.**

a) Am 6. Dezember freuen sich die Kinder: Es ist der *Nikolaustag* .

b) Mit dem _____ fängt am 24. Dezember Weihnachten an.

c) Der 14. Februar, der _____ , ist ein besonderer Tag für Verliebte und Liebende.

d) Der 1. Mai wird in vielen Ländern als _____ gefeiert.

e) Der Freitag vor Ostern heißt _____ .

> Tag der Arbeit
> Karfreitag
> Heiligabend
> Valentinstag
> ~~Nikolaustag~~

**2. What comes first each year? Number the holidays. Use a calendar if you need help.**

☐ Ostern   ☐ Silvester   ☐ Pfingsten   ☐ Neujahr   ☐ Karneval

**3. Which of the holidays in No. 2 above go with these letters? Write down your answers.**

a) ... Dieses Jahr wollen wir zu Hause mit Freunden feiern. Die Kinder dürfen mit uns Blei gießen und bis nach Mitternacht aufbleiben. Und dann gehen wir alle zum Feuerwerk auf den Marktplatz. ...

_____

b) ... ist für mich das schönste Fest! In der Kirche feiern wir die Auferstehung Christi. Und die Kleinen haben ihren Spaß, wenn sie morgens im ganzen Haus und im Garten nach Eiern suchen dürfen, die der Osterhase gebracht hat. ...

_____

c) ... Diesmal hat sich die ganze Familie als Fußballmannschaft verkleidet. Zum Glück war's warm, sodass wir in unseren Trikots nicht frieren mussten. Und Eberhard hat eine wirklich lustige Rede gehalten. ...

_____

d) ... der festliche Schlusstag der 50-tägigen Osterzeit. Bei uns in der Gegend gibt es fast in jedem Dorf ein Brunnenfest. Die Brunnen und Häuser werden mit Blumen und grünen Zweigen geschmückt und ...

_____

# Uhrzeiten
*Telling Time*

*Next to each clock face, write the various possible answers. Use the example below as your guide.*

| umgangssprachliche | Zeitangabe | offizielle |
|---|---|---|

1. *Viertel nach zehn*    *zehn Uhr fünfzehn*
   *zweiundzwanzig Uhr fünfzehn*

2. _____  _____

3. _____  _____

4. _____  _____

5. _____  _____

6. _____  _____

# 2.7 Zeitdauer und Zeitpunkt
*Duration and Points in Time*

## 1. Fill in the articles and the appropriate indications of time.

1. **Das** Jahrzehnt hat 10 **Jahre** .
2. _____ Jahr hat 12 _____ .
3. _____ Monat hat 4 _____ .
4. _____ Woche hat 7 _____ .
5. _____ Wochenende hat 2 _____ .
6. _____ Tag hat 24 _____ .
7. _____ Stunde hat 60 _____ .
8. _____ Minute hat 60 _____ .

Sekunden   Stunden

Tage       ~~Jahre~~

Wochen

Monate

Tage

Minuten

## 2. Which indication of time fits best? Pick one of the words provided.

~~oft~~   manchmal   immer   nie   mehrmals   selten
meistens   regelmäßig

a) Wie **oft** fährst du sie besuchen?
b) Fast _____ kommt etwas dazwischen, wenn ich ins Kino gehen will!
c) _____ komme ich zu spät zur Arbeit, aber das ist sehr _____.
d) Ich habe _____ gute Laune, weil ich ein optimistischer Mensch bin.
e) _____ wieder verbringe ich meinen Sommerurlaub an der Küste. Wir hatten die ganze Zeit Regen.
f) Ich treibe _____ jede Woche Sport, weil ich viel Bewegung brauche.
g) Er muss _____ am Tag seine Medizin einnehmen.

## 3. Put the sentences into the right order.

Ein aufregender Abendspaziergang

(**1**) **Zuerst** hörte ich Schritte hinter mir,
(   ) **Daraufhin** stürzte er und schlug mit dem Kopf auf einen Stein.
(   ) **Plötzlich** stand der Mann mit der Pistole vor mir.
(   ) **dann** bemerkte ich auch noch einen Schatten.
(   ) **Schließlich** lag mein Verfolger auf dem Boden und ich konnte in aller Ruhe die Polizei verständigen.
(   ) **Da** bekam ich Angst, schrie und schlug mit meiner Handtasche kräftig zu.

# 2.8 Wochentage und Tageseinteilung
*Days of the Week and Parts of the Day*

**1. The days of the week are often abbreviated. "Montag," for example, is replaced by "Mo." Fill in the complete names below.**

Di = _____     Fr = _____
Mi = _____     Sa = _____
Do = _____     So = _____

**2. A full appointment book! Using the example as a guide, answer the questions.**

Es ist Mittwochvormittag.

a) Petra, was hast du vorgestern Abend gemacht?

*Also, am Montagabend war ich mit Ludwig im Kino.*

b) Und Dienstagvormittag?
_____

c) Und heute Nachmittag?
_____

d) Was ist mit morgen früh?
_____

e) Könnten wir übermorgen in die Ausstellung gehen?
_____

f) Und was hast du am Wochenende vor?
_____

| **4** Mo |
| --- |
| 2.15 Kino mit Ludwig |

| **5** Di |
| --- |
| 9.45 Zahnarzt |

| **6** Mi |
| --- |
| 14.30 Café mit Heinz |

| **7** Do |
| --- |
| Frühstück bei Tim |

| **8** Fr |
| --- |
| Radtour mit Werner |

| **9** Sa |
| --- |
| 9.35 Flug nach Ibiza<br>    1 Woche Urlaub, Hurra! |

**3. Would you like to telephone friends abroad? Be careful – is it the right time of day for a call?**

am Morgen, morgens     am Nachmittag, nachmittags     am Mittag, mittags
in der Nacht, nachts     am Abend, abends

a) In Paris ist es 7.00 Uhr:     *am Morgen, morgens*

b) In Tokyo ist es 15.00 Uhr:     _____

c) In Karachi ist es 12.00 Uhr:     _____

d) In Alaska ist es 21.00 Uhr:     _____

e) In New York ist es 1.00 Uhr:     _____

# 2.9 Monate und Jahreszeiten
*Months and Seasons*

Incidentally: Months and seasons are masculine.

**1. Fill in the gaps in the text of the song: Frühling, Sommer, Herbst, Winter. Then put the lines in the correct order, and read the song aloud.**

Es war eine Mutter,

die hatte vier Kinder,

den Frühling, den Sommer,

den Herbst und den Winter.

Der _____ bringt Schnee.

Der _____ bringt die Trauben.

Der _____ bringt Blumen.

Der _____ bringt Klee.

**2. The names of the months are hidden in the syllables below. Put them into the right order, and fill in the blanks.**

ju - nu - fe - li - au - sep - <u>to</u> - mai - ber - ju - bru - ar - a - pril - gust - ~~ok~~ - no - de - ~~ber~~ - ar - ja - zem - ber - vem - ni - ber - tem - märz

1. _____

2. _____

3. _____

4. _____

5. _____

6. _____

7. _____

8. _____

9. _____

10. *Oktober* _____

11. _____

12. _____

# 2.10 Wetter
*Weather*

## 1. Match the items on the left with the statements on the right.

1. der Nebel
2. der Wind
3. der Schnee
4. der Regen
5. das Gewitter
6. die Sonne
7. die Kälte
8. der Hagel

a) Es ist windig.
b) Die Sonne scheint.
c) Es ist neblig.
d) Es blitzt und donnert.
e) Es ist kalt.
f) Es schneit, alles ist weiß.
g) Es hagelt.
h) Es regnet.

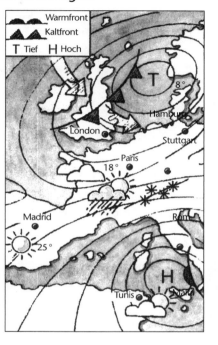

| 1 | 2 | 3 | 4 | 5 | 6 | 7 | 8 |
|---|---|---|---|---|---|---|---|
| *c* |   |   |   |   |   |   |   |

## 2. Fill in the appropriate words.

sommerliches    bewölkt    Schneefallgrenze

kalt    Höchsttemperaturen    Temperaturen

trocken    Regenschauer    stürmischer

a) Über der Nordsee ist es __*kalt*__ und es weht ein _____ Wind.

b) Über der Ostsee liegen die _____ bei 8 Grad.

c) Die _____ liegt in den Alpen bei 1.500 Metern.

d) Auf Malta ist es warm und _____ .

e) In Frankreich ist es zeitweise stark _____ bei Temperaturen um 18 Grad.
_____ und Sonne wechseln sich ab.

f) Besonders im Süden Spaniens ist _____ Wetter mit
_____ um 25 Grad zu erwarten.

# 2.11 Geld
*Money*

## 1. Which word doesn't belong in each line? Cross it out.

a) teuer – preiswert – ~~gelegentlich~~ – günstig – billig
b) auszahlen – überweisen – unterschreiben – abheben
c) Kredit – Überweisung – Gutschrift – Transmission
d) Bankangestellter – Kunde – Inhaber – Kassierer
e) Telefonkarte – Kreditkarte – Euroscheck – Bargeld
f) Auszugdrucker – Schalter – Geldautomat – Computer

## 2. What do the following figures of speech mean?

1. etwas mit gleicher Münze heimzahlen
2. der Groschen fälllt
3. Geld wie Heu haben
4. etwas für bare Münze nehmen

a) sehr viel Geld haben
b) naiv etwas glauben
c) sich rächen
d) etwas plötzlich verstehen

## 3. What do you think?

| | trifft zu | weiß nicht | trifft nicht zu |
|---|---|---|---|
| Geld verdirbt den Charakter. | | | |
| Spare in der Zeit, dann hast du in der Not. | | | |
| Wer den Pfennig nicht ehrt, ist des Talers nicht wert. | | | |
| Geld regiert die Welt. | | | |

## 4. Write sentences containing the words provided.

a) Kino / gibst / Mutti / Euro / fürs / du / 10/ mir / ?

*Mutti, gibst du mir 10 Euro fürs Kino?*

b) Euro / hätten / Kredit / über / gerne / 10.000 / Wir / einen / .

c) Miete / Mann / die / am / überwiesen / bereits / Mein / hat / Monatsanfang / .

d) lassen / habe / sperren / Ich / meine / und / verloren / möchte / Kreditkarte / sie / .

e) mir / 500 / Können / in / Euro / Dollar / wechseln/ Sie / ?

# Haus und Wohnung
## *House and Apartment*

**1. Enter the appropriate terms in the boxes. Include the definite articles.**

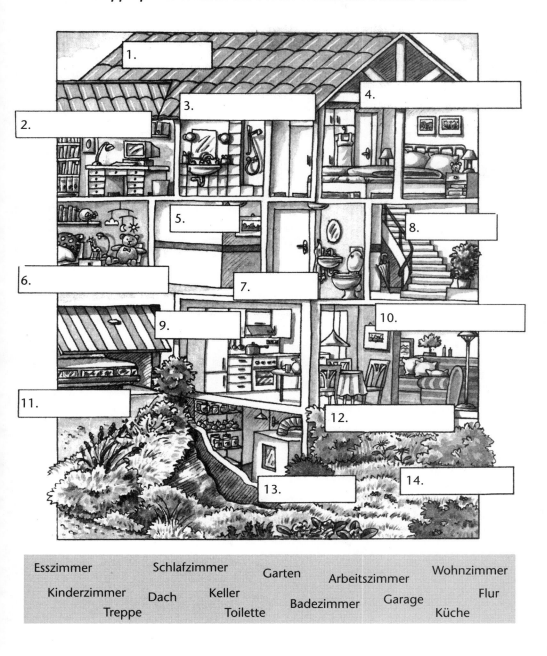

1.

2.

3.

4.

5.

6.

7.

8.

9.

10.

11.

12.

13.

14.

Esszimmer    Schlafzimmer    Garten    Arbeitszimmer    Wohnzimmer

Kinderzimmer    Dach    Keller    Badezimmer    Garage    Flur

Treppe    Toilette    Küche

## 2. What room do the following objects belong in? Be sure to include the definite articles.

| | | | | | |
|---|---|---|---|---|---|
| Tisch | | Bücherregal | Sessel | Herd | Teppich |
| Badewanne | Bett | Kleiderschrank | Nachttischlampe | | Küchenzeile |
| Spiegel | Spüle | Sofa | Waschbecken | Stühle | |

1. Das Bad

_____

_____


2. Das Schlafzimmer

_____

_____


3. Das Wohnzimmer

_____

_____


4. Die Küche

_____

_____


5. Das Esszimmer

_____

_____

# 2.13 Kleidung
*Clothing*

**What's what? Match the nouns with the drawings.**

das Kleid   die Stiefel   der Schuh   der Hut   das (Ober-)Hemd   der Schal
der Anzug   der Turnschuh   der Pullover   der Mantel   der Anorak
der BH (Büstenhalter)   die Unterhose   die Strumpfhose
die Socken   die Hose   die Kappe   die Jeans   das T-Shirt   der Rock

1._____

2._____

3._____

4._____

5._____

6._____

7._____

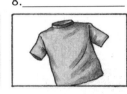

8._____

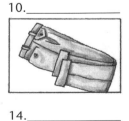

9._____

10._____

11._____

12._____

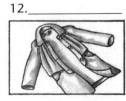

13._____

14._____

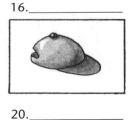

15._____

16._____

17._____   18._____   19._____   20._____

35

# 2.14 Schule und Ausbildung
*School and Occupational Training*

*Look at the diagram. Then read the passage below and fill in the missing words.*

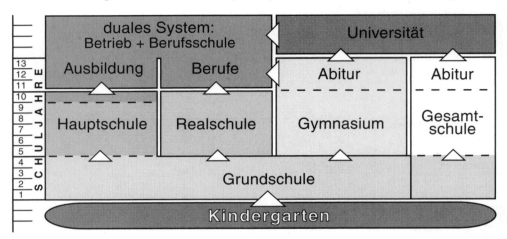

| Ausbildung | Grundschule | ~~Hauptschule~~ | Gesamtschulen | Realschule |
|---|---|---|---|---|
| Berufe | Gymnasium | Abitur | dualen | Universität | Kindergarten |

Die meisten Kinder kommen im Alter von sechs Jahren in die _____.
Vorher waren sie zwei oder drei Jahre im _____. Die Grundschule dauert
vier Jahre. Danach besuchen sie entweder die *Hauptschule* (etwa 25 %), die
_____ (ca. 25 %) oder das Gymnasium (34 %). In einigen Bundeslän-
dern gibt es _____, in denen die Haupt- und Realschule und das Gymnasium zusammengefasst sind.

Das _____ dauert mit 13 bzw. 12 Schuljahren am längsten. Der Abschluss des Gymnasiums heißt „_____". Wer sein Abitur hat, kann an
einer Fachhochschule oder einer _____ studieren.

Die meisten jungen Leute machen nach der Hauptschule eine _____
(„Lehre") und werden zum Beispiel Maler, Kfz-Mechaniker oder Verkäuferin. Die Real-
schüler ergreifen häufig kaufmännische _____.

Die Berufsausbildung in Deutschland findet teilweise in der Berufsschule und zum Teil
im Betrieb statt. Deshalb spricht man vom „_____" (d.h. „zweifach")
System.

# 2.15 Tiere
*Animals*

## 1. Under each drawing, write the name of the animal shown.

| Elefant |
| Robbe |
| Kamel |
| Krokodil |
| Tiger |
| Nashorn |
| Zebra |
| Wolf |
| Affe |
| Giraffe |
| Eisbär |
| Löwe |

1.
2.
3.
4.
5.
6.
7.
8.
9.
10.
11.
12.

## 2. Domestic animals and sounds. Can you match the animals with the sounds they make?

a) Hunde    miauen:    *miau*      d) Hühner    blöken:    *bähbäh*

b) Katzen    muhen:    *muhmuh*      e) Hähne    gackern:    *gackgack*

c) Kühe    bellen:    *wauwau*      f) Schafe    krähen:    *kikiriki*

## 3. Match the idioms on the left with the explanations on the right.

1) wie ein Pferd arbeiten      a) ich weiß von nichts

2) wie Hund und Katze sein      b) sehr hart arbeiten

3) mit den Hühnern aufstehen      c) sich sehr ungeschickt verhalten

4) Schwein haben      d) sehr früh aufstehen

5) wie ein Elefant im Porzellanladen      e) sich nicht miteinander vertragen

6) mein Name ist Hase      f) Glück haben

| 1 | b |
|---|---|
| 2 | |
| 3 | |
| 4 | |
| 5 | |
| 6 | |

# Chapter 3

## Themen
### *Topics*

**1. Collect words and expressions that are important to you.**

Choose a topic that interests you – such as family, going out to eat, means of transportation, the environment, and the like – and then write down all the words that pertain to it. Create word networks, and compile personal lists: for example, what I like, what I dislike.

**2. Use pictures as a learning aid.**

Often it's very helpful to learn new words in connection with pictures. The terms are easier to fix in your memory. Collect various kinds of pictures – photos, postcards, pages torn from magazines and catalogues – and put together your own picture dictionary.

**3. Speak about a topic of your choice.**

After you've worked through this chapter, try to imagine that you're telling German friends what life is like in your country. Talk about your family, living situation, landscapes, eating habits, and so forth.

**4. Making comparisons with German customs may help.**

– Eating: In the morning, there is an ample breakfast, and a hot meal is eaten at midday. In the afternoon, people frequently have coffee and cake, and in the evening most Germans eat a cold meal: an open-face sandwich with sausage or cheese.
– Shopping: In many small towns, shops close at midday between 1 and 3 P.M. In large towns, almost all stores are open continuously until 8 P.M.

## 3.1 Angaben zur Person
*Personal Data*

**1. A young woman introduces herself and her husband. Read the passage, and then answer the questions below.**

Hallo! Ich heiße Saskia Maining und komme aus Konstanz am Bodensee. Ich lebe hier seit fünf Jahren mit meinem Mann. Mein Mann stammt von hier. Ich bin Schweizerin. Mein Geburtsort ist Kreuzlingen. Konstanz und Kreuzlingen sind durch die Grenze getrennt.

Ich bin dreißig Jahre alt und arbeite bei einer Bank. Mein Mann, Rainer, ist vier Jahre älter als ich. Er ist Architekt. Wir haben uns in der Bank kennen gelernt. Er hat so schöne grüne Augen! Und er ist fast zwei Meter groß.

a) Wie ist der Name der jungen Frau? *Sie heißt Saskia Maining.*

b) Wo wohnt sie? _____

c) Welche Nationalität hat sie? _____

d) Wie heißt ihr Geburtsort? _____

e) Wie alt ist Rainer? _____

f) Wo arbeitet Saskia? _____

g) Welchen Beruf hat Rainer? _____

h) Wo hat Saskia ihren Mann kennen gelernt? _____

**2. Fill in the missing information on Rainer's identification card.**

| Bundesrepublik Deutschland | **Personalausweis** | |
|---|---|---|
| _____, VORNAME | MAINING, RAINER | |
| GEBURTSTAG | 15.9.1966 | |
| GEBURTSORT | _____ | |
| NATIONALITÄT | | |
| _____ | 1,98 m | |
| AUGENFARBE | _____ | |
| GEGENWÄRTIGE ANSCHRIFT | AUGUSTINERSTRASSE 12, 78462 KONSTANZ | |
| FAMILIENSTAND | _____ | |
| UNTERSCHRIFT | *Rainer Maining* | |

## 3.2 Personen beschreiben
*How to Describe Someone*

**1. Fill in the missing words. In some cases, you need to supply the correct ending (follow the example).**

a) Der Mann ist _____ und schlank. Er hat

ein schmales Gesicht und eine *lange* Nase.

Seine wenigen Haare sind _____ geschnitten.

Er hat einen dunklen Bart und sieht schon recht

_____ aus.

> groß
>
> alt
>
> kurz
>
> ~~lang~~

> klein
>
> dick
>
> rund
>
> jung

b) Die Frau ist _____ und pummelig. Ihre

Beine sind kurz und _____ . Sie hat ein

_____ Gesicht und einen großen Mund.

Ihre Haare sind lang und lockig. Sie sieht

_____ und freundlich aus.

c) Das Kind ist _____ und zart. Es hat

_____ Arme und Beine und ein _____

Gesicht mit einer Stupsnase und lustigen Augen.

Seine Haare sind _____ und zu einem

Pferdeschwanz gebunden.

> hübsch
>
> dünn
>
> klein
>
> glatt

**2. Underline the adjectives in the descriptions of the people above, and write down the pairs of opposites. Use a dictionary if necessary.**

# 3.3 Herkunft – Länder und Sprachen
## Origin – Countries and Languages

### 1. Fill in the blanks.

| Land | Nationalität | Mann | Frau |
|---|---|---|---|
| Deutschland | deutsch | der Deutsche | die _____ |
| Frankreich | _____ | der Franzose | die Französin |
| _____ | spanisch | der Spanier | die Spanierin |
| Italien | italienisch | der _____ | die Italienerin |
| _____ | griechisch | der Grieche | die Griechin |
| Polen | _____ | der Pole | die Polin |
| Russland | russisch | der Russe | die _____ |
| die USA | _____ | der Amerikaner | die Amerikanerin |
| Großbritannien | _____ | der Brite | die Britin |

### 2. Where are you from, and what countries border yours?

_____

_____

### 3. Which of these languages can you recognize?

```
((O))
1. Do you speak English?                          1. _____

2. ¿Habla español?     3. Parla italiano?         2. _____

4. Parlez vous français?   5. Fala português?     3. _____

Sprechen              Ja, Sie
Sie Deutsch?          auch?                        4. _____

                                                   5. _____
```

### 4. What are the names of the five continents? Put the letters in the correct order.

a) AFAKIR _____         d) TRASAULIEN _____

b) AKAREMI _____         e) APEROU _____

c) SIENA _____

# 3.4 Familie
*Family*

## 1. Look at the picture, and then read the passage.

Die Grafs sind eine große Familie. Da sind zunächst Anna und Hubert Graf, die mit ihrem Sohn Georg und seiner Frau Angelika zusammen in einem Haus wohnen. Georg und Angelika haben zwei Kinder: Jürgen und Katharina, die beide schon zur Schule gehen.

Im Haus wohnen auch noch Sabine und ihr Sohn Andreas, der eine Lehre als Automechaniker macht. Sabine ist das älteste Kind von Anna und Hubert. Sie ist geschieden.

## 2. What goes together? Determine the family roles of the persons named below.

| | | | | |
|---|---|---|---|---|
| Hubert ist | 1. der (Ehe-)Mann<br>2. der Großvater (Opa)<br>3. der Vater | von | a) Anna<br>b) Andreas<br>c) Georg, Sabine | 1 *a*<br>2<br>3 |
| Anna ist | 1. die (Ehe-)Frau<br>2. die Mutter<br>3. die Großmutter (Oma) | von | a) Sabine, Georg<br>b) Hubert<br>c) Jürgen, Katharina, Andreas | 1<br>2<br>3 |
| Angelika ist | 1. die Tante<br>2. die Schwiegertochter | von | a) Hubert, Anna<br>b) Andreas | 1<br>2 |
| Georg ist | 1. der Onkel<br>2. der Sohn<br>3. der Bruder | von | a) Andreas<br>b) Sabine<br>c) Hubert, Anna | 1<br>2<br>3 |
| Katharina ist | 1. die Tochter<br>2. die Enkelin<br>3. die Schwester | von | a) Jürgen<br>b) Hubert, Anna<br>c) Georg, Angelika | 1<br>2<br>3 |
| Andreas ist | 1. der Cousin<br>2. der Neffe | von | a) Jürgen, Katharina<br>b) Georg | 1<br>2 |

## 3. Explain what role you play in your family.

*Ich bin die Mutter von ...*

# 3.5 Wohnsituation
*Living Situation*

**1. Using the words given in the artwork below, fill in the blanks.**

a) Helen ist Au-pair-Mädchen und lebt mit ihrer Familie auf dem Land. Sie bewohnt ein kleines __*Zimmer*__ in einem großen Haus mit Garten.

b) Leo ist Lehrling und wohnt mit Freunden zusammen in einer _____ _____ in der Altstadt.

c) Petra ist Studentin. Sie hat ein Zimmer im Wohnheim. Die _____ bezahlen ihre Eltern.

d) Herr und Frau Lewinsky wohnen in der Stadt. Ihre Mietwohnung liegt im 6. Stock eines _____.

e) Herr Wilhelm arbeitet als Hausmeister in einem Geschäftshaus der _____ und wohnt dort im Souterrain.

f) Herr Cantori ist ein berühmter Opernsänger. Er wohnt in einer Villa in einem vornehmen _____.

g) Familie Dünak lebt mit ihren Kindern in einer kleinen Zwei-Zimmer-Wohnung in einem _____.

**2. In the sentences above, underline the most important terms having to do with the topic of "living." Write them in the blank areas below.**

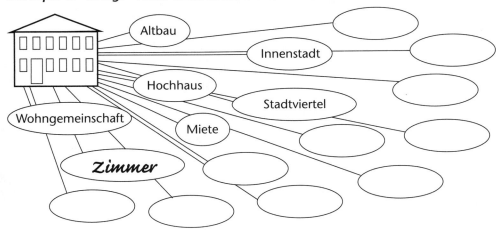

**3. Where and how do you live? Write out your answer.**

*Ich wohne ...*

# 3.6 Berufe
*Occupations*

## 1. Match the job designations with the pictures.

|  |  |  |  |  |  |
|--|--|--|--|--|--|
|  |  |  |  |  |  |

| Architektin | Verkäufer | Automechanikerin | |
|---|---|---|---|
| Maurer | Kellnerin | | Programmierer |

## 2. Where do these people work? Write the answers in the blanks.

| 1. der Lehrer | 2. die Frisöse | 3. der Koch | 4. der Arbeiter | 5. die Angestellte |
|---|---|---|---|---|
| a. im Frisiersalon | b. im Restaurant | c. in der Schule | d. im Büro | e. in der Fabrik |

| 1. _____ | 2. _____ | 3. _____ | 4. _____ | 5. _____ |
|---|---|---|---|---|

## 3. What do these people do? Write the correct letters in the blanks.

1. Der Taxifahrer ____
2. Die Krankenschwester ____
3. Die Gärtnerin ____
4. Die Hebamme ____

5. Der Maler ____
6. Die Fotografin ____
7. Die Schneiderin ____
8. Die Hausfrau ____

a) arbeitet im Haushalt.
b) streicht Wände an.
c) pflanzt und sät Blumen.
d) holt Kinder auf die Welt.

e) fährt Leute an bestimmte Orte.
f) näht Kleider.
g) fotografiert Leute.
h) pflegt Kranke.

**4. Why do people work in certain occupations? Using the words and phrases below, form sentences.**

*Beispiel: Er/Sie würde/möchte gerne als ... arbeiten, weil ...*

*Er würde gerne als Arzt arbeiten, weil er Menschen helfen möchte.*

_____

_____

_____

_____

**5. What else can you say about this topic? What job would you like?**

_____

_____

_____

# 3.7 Tagesablauf
## Daily Routine

*Frau Müller works, and she has two children. What fits into her daily schedule, and what doesn't? In each category, one item is out of place. Underline it, and then write it in the correct box.*

a)

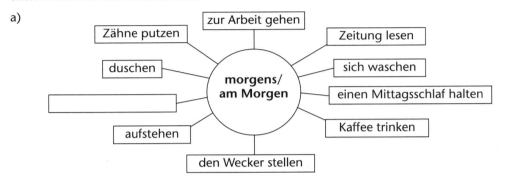

zur Arbeit gehen
Zähne putzen
Zeitung lesen
duschen
sich waschen
morgens/ am Morgen
einen Mittagsschlaf halten
aufstehen
Kaffee trinken
den Wecker stellen

b)

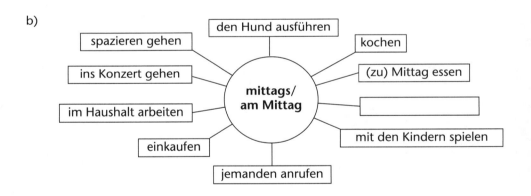

den Hund ausführen
spazieren gehen
kochen
ins Konzert gehen
(zu) Mittag essen
mittags/ am Mittag
im Haushalt arbeiten
einkaufen
mit den Kindern spielen
jemanden anrufen

c)

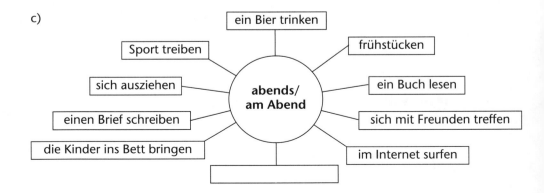

ein Bier trinken
Sport treiben
frühstücken
sich ausziehen
ein Buch lesen
abends/ am Abend
einen Brief schreiben
sich mit Freunden treffen
die Kinder ins Bett bringen
im Internet surfen

**1. Assign the following terms to the appropriate categories.**

Hähnchen – Käse – Öl – Kuchen – Kekse – Meeresfrüchte – Karotten – Ananas

der _____

das Brot

das Brötchen

die Backwaren

die Schokolade

die Bonbons

die Süßigkeiten

die _____

die Butter

die Fette

das \_\_\_\_\_

der Fisch/die _____

der Joghurt

die Sahne

die Milchprodukte

der Quark

der _____

der Knoblauch

das Gemüse

die Pilze

der Spinat

die _____

die Wurst/der Schinken

das _____

das Fleisch/
das Geflügel

das Schwein

das Rind

das Lamm

das Obst

die Erdbeere

die Apfelsine

die Birne

die _____

## 2. a) Make a fruit salad. What goes into it? Mark the correct answers.

( ) Erbsen  ( ) Pflaumen  ( ) Aprikosen  ( ) Paprika  ( ) Kirschen  ( ) Tomaten  ( ) Äpfel
( ) Auberginen  ( ) Kiwis  ( ) Bananen  ( ) Gurken  ( ) Weintrauben  ( ) Radieschen
( ) Rosenkohl  ( ) Pfirsiche  ( ) Melonen  ( ) Salat  ( ) Kartoffeln  ( ) Zwiebeln

## b) What is left over?

G_____

## c) Give the singular of each noun above, along with the definite article.

*die Erbse*_____

_____

_____

_____

_____

_____

## 3. Rearrange the letters to form words.

ilMch: _____     ukrecZ: _____     fePrfef: _____

riEe: _____       siRe: _____       chenstWür: _____

aSzl:: _____      igsEs: _____       ndNlue: _____

# 3.9 Essen gehen

*Going Out to Eat*

**1. Where can you get something to eat and drink? Break this "snake" down into words.**

gastwirtschaftrestaurantcafékneipestehimbissgasthausautobahnraststättebiergartenlo-
kalkantinecafeteriafeinschmeckerlokalmensawürstchenbude

**2. Where can you get what? Using the words below, create menus.**

| Im Restaurant | Im Café | Im Stehimbiss |
|---|---|---|
| _____ | _____ | _____ |
| _____ | _____ | _____ |
| _____ | _____ | _____ |
| _____ | _____ | _____ |
| _____ | _____ | _____ |

der Gemüseeintopf – das Glas Tee – die Bratwurst mit Brötchen – das Wiener Schnitzel – die Pommes (frites) mit Ketchup – die Sahnetorte – der Vanillepudding – die Dose Bier – der Eisbecher – der Salatteller – das Kännchen Kaffee – das Viertel Wein – die Frikadelle mit Senf – der Döner – der Käsekuchen

**3. Which beverages contain alcohol? Choose the appropriate category.**

| alkoholisch | | nichtalkoholisch |
|---|---|---|
| | das Mineralwasser    der Rotwein | |
| | der Schnaps    die Limonade | |
| _____ | der Fruchtsaft    der Likör | _____ |
| | der Kakao | |
| _____ | das Bier | _____ |
| | das Spezi | |
| _____ | der Sekt | _____ |

49

# 3.10 Geschäfte
*Stores and Shops*

**1. In which departments can you buy these things? Connect the drawings with the appropriate departments of the store.**

**Kaufhaus Wunderbar**

5 Sport und Freizeit

4 Damen- und Herrenbekleidung

3 Spielzeug und Kinderbekleidung

2 Haushalts- und Elektroartikel

1 Bücher und Schreibwaren

E Parfümerie und Drogerie

U Lebensmittel

**ABTEILUNGEN**

**2. What else can you buy in the store's departments? Make a shopping list.**

_____

_____

_____

_____

_____

_____

## 3. You're setting up your first apartment. What do you need?

| | | | | | | |
|---|---|---|---|---|---|---|
| Abfalleimer | Sieb | Säge | Teller | Leiter | Hammer | Toaster |
| Bratpfanne | Wandfarbe | | Besteck | Nägel | Kochtöpfe | Tapete |
| Schraubenschlüssel | Tassen | | Lampen | Schüsseln | Bohrmaschine | |

### a) For redecorating?

_____

_____

_____

_____

### b) To set up housekeeping?

_Bratpfanne_ _____

_____

_____

_____

### c) Where do you buy these things?

zu a) _____

zu b) _____

## 4. Where do you get what? Match the items on the left with the shops on the right.

| | |
|---|---|
| 1. Brötchen | a) in der Metzgerei (Fleischerei) |
| 2. Bücher | b) in der Apotheke |
| 3. Seife | c) in der Buchhandlung |
| 4. Wurst | d) beim Schlüsseldienst |
| 5. Zeitungen | e) in der Bäckerei |
| 6. Schlüssel | f) in der Drogerie |
| 7. Medikamente | g) am Kiosk |

# Verkehrsmittel 1
*Means of Transportation 1*

**1. Write the names of the means of transportation in the blanks.**

a) Im Sommer fahre ich manchmal mit dem **_Motorrad_,** denn das macht besonderen Spaß.

b) Bei gutem Wetter fahre ich mit dem _____ zur Arbeit, und

wenn es regnet, nehme ich gewöhnlich die _____.

c) Wenn ich meine Freunde besuche, fahre ich mit dem _____, denn der hält vor ihrer Haustür.

d) In den Urlaub fliege ich mit dem _____ , um schnell an Ort und Stelle zu sein.

e) Wenn ich abends ausgehe, benutze ich ein _____ , dann kann ich unbesorgt etwas trinken.

f) Zum Einkaufen nehme ich meist das _____ , damit ich nicht alles tragen muss.

g) Wenn ich an Feiertagen einen Ausflug mache, fahre ich am liebsten mit der

_____ , denn meist sind die Straßen sehr überfüllt.

**2. What goes with what?**

| 1 links | a treten | 6 in die Straßenbahn | f kaufen |
| 2 ein Taxi | b stehen | 7 an der Haltestelle | g gehen |
| 3 auf die Bremse | c hupen | 8 sich am Haltegriff | h einsteigen |
| 4 im Stau | d rufen | 9 eine Fahrkarte | i warten |
| 5 laut | e überholen | 10 zu Fuß | j fest halten |

| 1 | 2 | 3 | 4 | 5 | 6 | 7 | 8 | 9 | 10 |
|---|---|---|---|---|---|---|---|---|----|
| *e* | | | | | | | | | |

# 3.12 Verkehrsmittel 2
## Means of Transportation 2

**1. What do you find at the railroad station? Match the words with the drawings, and include the definite article.**

| Fahrplan | Zugauskunft | Schalter | Fahrkartenautomat |
|---|---|---|---|
| Gepäckaufbewahrung | Gleis | Schließfach | Gepäckwagen |

1. _____  2. _____  3. _____  4. _____

5. _____  6. _____  7. _____  8. _____

**2. Which of the following terms do not belong in the word field "airport"? Cross them out.**

die Ankunft – der Terminal – das Flugticket – die Abfahrt – die Wartehalle – die Sicherheitskontrolle – das Abteil – der Führerschein – der Pilot – das Rollfeld – die Stewardess – der Abflug – der Linienflug – die Fluggesellschaft – die Passkontrolle – das Gepäckband

**3. True (richtig) or false (falsch)? Mark the correct box.**

|  | r | f |
|---|---|---|
| a) Eine Mehrfachkarte ist billiger als ein Einzelfahrschein. |  |  |
| b) An der Tankstelle bekommt man eine Fahrplanauskunft. |  |  |
| c) An der Haltestelle kann man einsteigen. |  |  |
| d) Für bestimmte Züge, die schnell fahren, muss man einen Zuschlag zahlen. |  |  |
| e) Eine Parkuhr gibt immer die richtige Uhrzeit an. |  |  |
| f) Wenn das Auto kaputt ist, bringt man es zur Reparatur in die Garage. |  |  |

# 3.13 Stadt und Land
*Town and Country*

Using the terms below, fill in the blanks in the drawing.

| | | | | |
|---|---|---|---|---|
| ~~die Berge~~ | das Meer | der Wald | der Strand | die Wiese |
| das Ufer | das Feld | der Fluss | der See | die Stadt |
| das Dorf | der Hafen | das Industriegebiet | das Tal | die Autobahn |

1. *die Berge*
2. 
3. 
4. 
5. 
6. 
7. 
8. 
9. 
10. 
11. 
12. 
13. 
14. 
15.

## 1. Put the phrases into the correct column: Der Umwelt zuliebe

| darf man nicht | muss/sollte man |
| --- | --- |
| | *Müll trennen* |
| | |
| | |
| | |
| | |
| | |
| | |

Müll trennen / öffentliche Verkehrsmittel benutzen / zu viel Waschmittel benutzen / Getränke in Dosen kaufen / Altöl bei der Tankstelle abgeben / im eigenen Garten Papier verbrennen / den Motor warm laufen lassen / Batterien in den Hausmüll werfen

## 2. The garbage hasn't been separated yet. Can you do it?

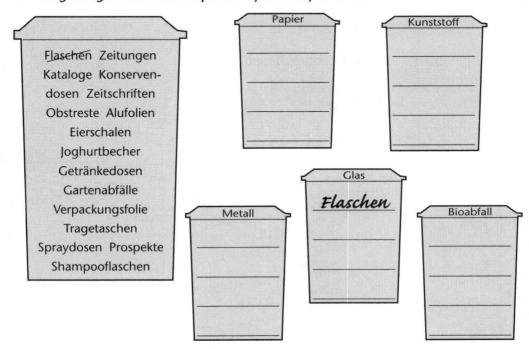

Flaschen Zeitungen
Kataloge Konserven-
dosen Zeitschriften
Obstreste Alufolien
Eierschalen
Joghurtbecher
Getränkedosen
Gartenabfälle
Verpackungsfolie
Tragetaschen
Spraydosen Prospekte
Shampooflaschen

Papier

Kunststoff

Glas

*Flaschen*

Metall

Bioabfall

# 3.15 Modernes Leben 1 – Kommunikation
*Modern Life 1 – Means of Communication*

**1. What goes with Telefon, and what goes with Computer? Assign the words to the appropriate category, and indicate the plural.**

| | | | |
|---|---|---|---|
| der Laptop | ~~das Modem~~ | die Telefonzelle | der Anrufbeantworter |
| der Hörer | der Drucker | die Maus | das Programm | die Diskette |
| das Handy | das Internet | der Bildschirm | das Faxgerät | die Telefonkarte |

a) Telefon: _____

_____

_____

b) Computer: *das Modem, -s* _____

_____

_____

**2. Connect the terms that go together.**

| mit der Maus | surfen | den Hörer | speichern |
| mit dem Faxgerät | abhören | den Brief | einlegen |
| im Internet | faxen | die Diskette | auflegen |
| den Anrufbeantworter | anklicken | die Datei | einwerfen |

**3. Write these nouns in the appropriate blanks.**

| die Briefmarke | der Stempel | die Adresse | die Postleitzahl |
|---|---|---|---|
| das Nationalitätenzeichen | per Luftpost | | der Absender |

Elli Blumenschein
Oberwiesenstraße 1b
D-99 999 Sonnenberg

Herrn
Tobias Schnelldorf
Wasenstraße 25
D-12987 Westerstelle

56

# 3.16 Modernes Leben 2 – Geräte im Haushalt

*Modern Life 2 – Household Appliances and Equipment*

**1. What can you do with these objects? Connect the two columns to make sentences, and then write the answers in the spaces below.**

1. ~~Im Kühlschrank …~~
2. Mit dem Föhn …
3. Mit dem Mixer …
4. Der Staubsauger …
5. Der Gefrierschrank …
6. Mit dem Rasierapparat …
7. Im Fernsehen gibt es …
8. Das Videogerät …
9. Mit der Waschmaschine …

a) hält Nahrungsmittel tiefgefroren.
b) wäscht man seine Wäsche.
c) rasiert man sich.
d) spielt Filmkassetten ab.
e) Nachrichten und Filme.
f) schlägt man Sahne.
g) saugt Staub und Schmutz weg.
h) trocknet man sich das Haar.
i) ~~kühlt man Nahrungsmittel und Getränke.~~

| 1. *i* | 2. ____ | 3. ____ | 4. ____ | 5. ____ | 6. ____ | 7. ____ | 8. ____ | 9. ____ |
|---|---|---|---|---|---|---|---|---|

**2. Write the name of each item under the appropriate picture.**

| das Autoradio mit Kassettenteil | das Handy | der Walkman |
|---|---|---|
| der Camcorder | die Stereoanlage | der Discman |
| der Kopfhörer | der Kassettenrekorder | |
| | der Fotoapparat | |

1. _____

2. _____

3. _____

4. _____

5. _____

6. _____

7. _____

8. _____

9. _____

# 3.17 Der menschliche Körper

*The Human Body*

**Put each noun in the appropriate blank.**

das Auge, die Nase, der Mund, der Finger, die Hand, das Knie, der Fuß, die Zehe, der Nabel, die Brust, der Arm, die Schulter, das Ohr, der Kopf, die Haare, die Zähne, der Rücken, der Bauch, der Hals, das Bein

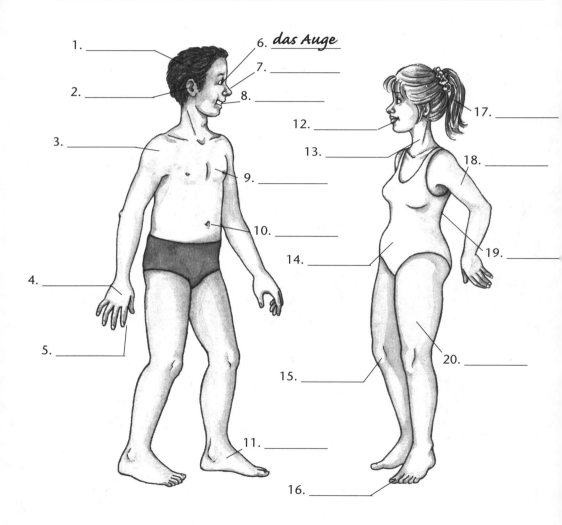

1. _____

2. _____

3. _____

4. _____

5. _____

6. *das Auge*

7. _____

8. _____

9. _____

10. _____

11. _____

12. _____

13. _____

14. _____

15. _____

16. _____

17. _____

18. _____

19. _____

20. _____

# 3.18 Freizeit: Sport und Hobbys
*Leisure Time: Sports and Hobbies*

## 1. What sports are these people doing? Match the activities with the drawings.

| | | | |
|---|---|---|---|
| Tennis spielen | schwimmen | surfen | reiten |
| wandern | Schlittschuh laufen | Rad fahren | tauchen |

1. _____  2. _____  3. _____  4. _____

5. _____  6. _____  7. _____  8. _____

## 2. What do you like to do in your free time? Put each activity into the appropriate column.

| mag ich | mag ich nicht | weiß nicht |
|---|---|---|
| _____ | _____ | _____ |
| _____ | _____ | _____ |
| _____ | _____ | _____ |
| _____ | _____ | _____ |
| _____ | _____ | _____ |
| _____ | _____ | _____ |
| _____ | _____ | _____ |
| _____ | _____ | _____ |

| | | | | | |
|---|---|---|---|---|---|
| im Garten arbeiten | Musik hören | basteln | stricken | singen | malen |
| fotografieren | tanzen | kochen | ein Instrument spielen | | Briefe schreiben |
| Ski fahren | lesen | ins Theater gehen | faulenzen | | Fußball spielen |

# 3.19 Urlaub
*Vacation*

**1. You're going to the tropics on summer vacation. What do you need to pack?**

| | | | | |
|---|---|---|---|---|
| ~~Badehose~~ | Handschuhe | warme Unterwäsche | Sonnenhut | dicke Pullover |
| Buch | Schal | Taschenlampe | Skischuhe | Medikamente |
| Briefpapier | Taucherbrille | Reisepass | Flossen | Krankenschein |

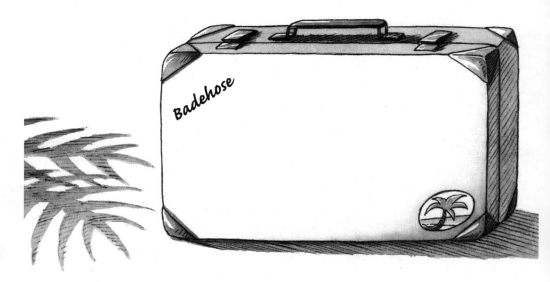

*Badehose*

**2. Following the example provided, explain these types of vacations:**

| | |
|---|---|
| ~~in der Sonne liegen und baden~~ | sich viel in der frischen Luft bewegen |
| Museen besuchen und Stadtführungen machen | eine Sprache lernen |
| zum Beispiel an einer Safari teilnehmen | viel Zeit im Zug verbringen |

1. Im Badeurlaub     *liegt man in der Sonne und badet.*

2. Auf einer Bildungsreise _____

3. Im Wanderurlaub _____

4. Im Abenteuerurlaub _____

5. Auf einer Inter-Rail-Reise _____

6. In den Sprachferien _____

# Chapter 4

## Situationen
### *Situations*

### 1. To communicate well, memorize turns of phrase.

This chapter will help prepare you to communicate as you go about your daily life. It contains important expressions and provides information about the use of the polite personal pronoun "Sie."

### 2. Practice expressing yourself in everyday situations.

Think up situations in which you can use the phrases and expressions introduced here, and act them out. That will consolidate your newly acquired knowledge and give you a sense of security in conversations.

### 3. Memorize general rules of social behavior.

- Until noon, you say "Guten Morgen" when you greet someone; after noon, say "Guten Tag."
- Generally, Germans shake hands when they greet each other. Especially among young people, it has also become customary to embrace and/or to exchange a kiss on the cheek.
- When you are invited somewhere, it is considered impolite to arrive late. This is especially true for business contacts.
- If you go to a restaurant as part of a group, each person pays separately, unless other arrangements were expressly discussed beforehand.
- It is usual to address coworkers as "Sie," even though you may have known each other for a long time.
- At the beginning of the lunch break, you wish your coworkers "Mahlzeit," which is the equivalent of "Guten Appetit."

## 1. Which greeting or farewell is the right one?

> Auf Wiedersehen – Guten Tag – Guten Morgen – Guten Abend
> Guten Morgen – Gute Nacht

4. _____  5. _____  6. _____

Variations:
- In colloquial German, people frequently say "Hallo" instead of "Guten Tag," and "Servus," "Ade," or "Tschüß" instead of "Auf Wiedersehen."
- In southern Germany and Austria, you usually hear "Grüß Gott" rather than "Guten Tag," and in Switzerland people say "Grüezi miteinand."

## 2. Can you rearrange this conversation so that it makes sense?

a) Wie heißen Sie?
b) Ich bin Taxifahrer.
c) Ein interessanter Name, woher kommen Sie?
d) Das ist ja lustig, das bin ich auch!
e) Ich komme aus der Schweiz, aber ich lebe schon lange in Deutschland.
f) Ich wohne in Köln, aber ich arbeite in Bonn.
g) Ich heiße Emilio Caruso.
h) Und was arbeiten Sie?
i) Und wo wohnen Sie in Deutschland?

| *a* | | | | | | | | |
|---|---|---|---|---|---|---|---|---|

## 4.2 Am Telefon

*On the Telephone*

**Three telephone conversations. Fill in the missing words.**

1.) | ausrichten | bitte | Leid | später |

– Bei Klinger.
– Hallo, Max Krause, kann ich _____ Regina sprechen.
– Tut mir _____, Regina ist noch nicht zu Hause.
– Ach so, dann rufe ich _____ noch mal an.
– Ja, bitte. Ich werde es ihr _____.
– Danke. Tschüss.
– Tschüss.

2.) | Moment | zurückrufen | Vorwahl | Auskunft | verbinden |

– Guten Tag, Firma Schulz & Co.
– Guten Tag, Richard Kaufmann, _____ Sie mich doch bitte mit Herrn Franz von der Personalabteilung.
– Einen _____, ich verbinde ...
– Franz, Personalabteilung.
– Guten Tag, mein Name ist Richard Kaufmann, ich hätte gerne eine _____.
– Herr Kaufmann, kann ich Sie _____, ich bin gerade in einer Besprechung.
– Ja natürlich, meine Telefonnummer ist 3 24 56, _____ 0681.
– Bis dann Herr Kaufmann, Wiederhören.
– Auf Wiederhören.

3.) | da | Macht | bitte | verwählt | Entschuldigung |

– Weber.
– Wer ist da, _____?
– Weber.
– Ist _____ nicht Klinger, 86 27 01?
– Nein, hier ist 86 27 10.
– Oh, _____! Da hab ich mich wohl _____.
– _____ nichts.

63

# 4.3 Du oder Sie?

Du *or* Sie?

German has a special polite form: "Sie." If you're not sure whether you should use it, wait and see which form is chosen by the person you're speaking with. Alternatively, go ahead and use "Sie." Older people often find it impolite to be addressed as "du" too hastily. In general, the older person should be the first to suggest switching to the familiar "du."

**1. Who addresses whom as "Sie" or "du"? Mark the correct answer.**

| Wie spricht ein: | | Sie | du |
|---|---|---|---|
| 1. Jugendlicher | zu einem unbekannten Erwachsenen | ✗ | |
| 2. Kind (bis ca. 8-10 Jahre) | zu Erwachsenen | | |
| 3. Kind | zu andern Kindern | | |
| 4. Erwachsener | zu Kindern und Jugendlichen (bis ca. 14 Jahre) | | |
| 5. Erwachsener | zu Freunden und Verwandten | | |
| 6. Erwachsener | zu guten Bekannten | | |
| 7. Erwachsener | zu Arbeitskollegen | | |
| 8. Erwachsener | zu entfernten Bekannten und unbekannten Erwachsenen | | |

**2. Complete the following letters with the words provided.**

Lieber Max,
wie geht es *dir?* Hoffentlich bist _____ jetzt wieder richtig gesund.
Uns geht es allen gut. Wir fahren jeden Tag Schlitten und ich lerne Ski fahren. Wie ist das Wetter bei _____? Habt _____ noch Schnee? Stell _____ vor, wir kommen _____ auf dem Rückweg kurz besuchen. Dann kann ich _____ sicher noch mehr berichten. Ich freue mich schon, _____ wiederzusehen.
Viele Grüße und bis bald

_____ Sebastian

| ~~dir~~ euch dich dir euch du ihr dir dein |
|---|

Liebe Frau Boll,
Viele Grüße aus dem Urlaub sendet *Ihnen* _____ Nachbarin.
Es gefällt uns gut hier und ist genauso wie _____ beschrieben haben. Deshalb möchten wir noch länger bleiben. Können _____ bitte die Blumen weiter gießen? Ich hoffe, das ist _____ nicht zu viel. In _____ Urlaub werde ich mich dann um _____ Blumen kümmern. Grüßen Sie _____ Mann.
Herzlichst _____

*Regina Hartmann*

| Ihre Sie Ihnen Ihre ~~Ihnen~~ Sie Ihrem Ihren Ihre |
|---|

# Gute Wünsche – Komplimente – Dank
*Good Wishes – Compliments – Thanks*

## 1. Match the expressions with the occasions. When do you say:

| | | | |
|---|---|---|---|
| 1. *Frohes Fest!* | | a. *an Weihnachten* |
| 2. Viel Spaß! | | b. zu einem Kranken |
| 3. Viel Erfolg! | | c. vor dem Essen |
| 4. Gute Besserung! | | d. vor einem (längeren) Abschied |
| 5. Gute Reise! | | e. an Silvester |
| 6. Alles Gute! | | f. wenn jemand ausgeht (z.B. ins Theater) |
| 7. Herzlichen Glückwunsch! | | g. vor einer Reise |
| 8. Guten Appetit! | | h. vor einem Examen |
| 9. Ein gutes neues Jahr! | | i. zum Geburtstag |

| 1. *a* | 2. | 3. | 4. | 5. | 6. | 7. | 8. | 9. |
|---|---|---|---|---|---|---|---|---|
| | | | | | | | | |

## 2. Something is missing in the following scenes. Complete the sentences.

A. Bei der Besichtigung des neuen Hauses: „_____."

B. Bei einer Einladung zum Essen: „_____."

C. Wenn man eingeladen wird: „_____

_____."

D. Nach dem Besuch: „_____

_____."

E. Nach einer Hilfeleistung: „Vielen Dank für Ihre Hilfe." – „_____!"

F. Nach einer Nettigkeit: „_____." – „Danke, nicht der Rede wert!"

„Ihr Haus gefällt mir sehr gut."

„Das Essen schmeckt ausgezeichnet."

„Vielen Dank für die Einladung. Es war sehr schön bei Ihnen/bei euch."

„Vielen Dank für die Einladung. Ich komme/wir kommen gern."

„Bitte, gern geschehen!"

„Das war sehr nett von Ihnen."

# In Gesellschaft
*Social Behavior*

"Wie man in den Wald ruft, so schallt es heraus," a German proverb tells us. It means that we need to be polite if we expect to be treated politely in return.

**1. What do you say, and what is better left unsaid? Mark the correct answer.**

| | höflich | unhöflich |
|---|---|---|
| a) Guten Abend, darf ich mich vorstellen, mein Name ist Anton Kaminski. | ✘ | |
| b) Entschuldigen Sie bitte, dass ich etwas später komme, ich wurde aufgehalten/es ging leider nicht früher. | | |
| c) Wenn Sie so undeutlich sprechen, verstehe ich Sie nicht. | | |
| d) Mein Glas ist leer, wo ist der Wein? | | |
| e) Bitte sagen Sie das noch mal, ich habe Sie nicht verstanden. | | |
| f) Sagen Sie mir doch mal, wie Sie heißen. | | |
| g) Das schmeckt sehr gut, könnte ich bitte noch etwas davon haben? | | |
| h) Wie heißen Sie bitte, ich habe Ihren Namen leider nicht verstanden? | | |
| i) Das schmeckt gut, ich will noch mehr. | | |
| j) Könnte ich bitte noch etwas zu trinken haben? | | |

**2. Which statements express disagreement, and which express agreement? Enter each sentence number under the appropriate category.**

***Fernsehen schadet Kindern***

| Zustimmung | |
|---|---|
| Ablehnung | *1* |

1. Ich finde nicht, dass es Kindern schadet, wenn sie jeden Tag ein bisschen fernsehen.
2. Meiner Meinung nach lernen Kinder viel durch das Fernsehen.
3. Es stimmt, dass Fernsehen für Kinder schlecht ist, weil so viel Gewalt in den Filmen vorkommt.
4. Ich denke, Kinder verlieren ihre Fantasie, wenn sie dauernd fernsehen.
5. Ich sehe keinen Grund, Kindern das Fernsehen zu verbieten, wenn sie gute Sendungen sehen.
6. Es ist eine Tatsache, dass die Werbung im Fernsehen in Kindern immer neue Wünsche weckt.
7. Ich finde es gut, wenn Kinder von klein auf über alles informiert sind.

## Auf einer Party
*At a Party*

**Who says what? Complete the dialogues.**

1. – Oh, Entschuldigung, das wollte ich nicht!   f. – Sehr erfreut, Sie kennen zu lernen!
a. – Danke gut, ich kann nicht klagen!   g. – Danke, das war aber nicht nötig.
4. – Das Kleid steht Ihnen aber gut.   5. – Darf ich bitten?
e. – Schade, dass du schon gehen musst.   d. – Du gefällst mir auch.

8. Ein kleiner Gruß für die Gastgeberin.

h. Danke, ich tanze nicht.

2. Darf ich vorstellen, mein Arbeitskollege Herr Meier und seine Frau.

6. Ich muss mich beeilen, die letzte S-Bahn fährt gleich.

3. Hallo Martin, wie geht's?

c. Vielen Dank für das Kompliment.

b. Ach, das ist halb so schlimm!

7. Was ich sagen will …, ich finde dich sehr nett.

# 4.7   Im Restaurant/Im Hotel
*At a Restaurant/At a Hotel*

## 1. Placing an order with the waiter. Complete the following dialogue.

> ausgezeichnet – bringen – Rechnung – Spezialität – ein Viertel Wein –
> trinken – geschmeckt – mit Reis – ~~zwei Personen~~ – Leid – empfehlen

Gast:     Guten Tag, haben Sie noch einen Tisch für **zwei Personen** frei?
Kellner:  Ja, bitte den Tisch dort hinten. Was darf ich Ihnen _____?
Gast:     Was können Sie uns denn _____?
Kellner:  Der Braten mit frischen Pilzen ist eine _____ des Hauses.
Gast:     Bitte einmal Braten und einmal Jägerschnitzel, aber bitte _____.
Kellner:  Möchten Sie auch etwas dazu _____?
Gast:     Ja, bitte _____ und einen großen Apfelsaft.
(einige Zeit später)
Kellner:  Hat es Ihnen _____?
Gast:     Ja, danke, es war _____, nur der Reis war leider bereits kalt.
Kellner:  Das tut mir _____ . Möchten Sie sonst noch etwas?
Gast:     Ja, zwei Kaffee bitte und die _____ .

## 2. At the hotel's reception desk.

Gast:            Guten Tag, haben Sie noch ein Einzelzimmer für zwei Nächte frei?
Empfangsdame:   Tut mir Leid. Wir haben nur noch ein Doppelzimmer frei.
Gast:            Hat das Zimmer eine eigene Dusche und WC?
Empfangsdame:   Nein, es hat nur eine Waschgelegenheit. Aber es gibt eine Etagen-
                dusche.
Gast:            Wo liegt denn das Zimmer? Ist es ruhig?
Empfangsdame:   Es liegt im 2. Stock, allerdings zur Straße hin.
Gast:            Und das Frühstück, ist das im Preis inbegriffen?
Empfangsdame:   Nein, das Frühstück wird extra in Rechnung gestellt.
Gast:            Vielen Dank, ich versuche es in einem anderen Hotel.

**What information is in the dialogue, and what is not? Mark the appropriate column.**

|  | richtig | falsch |
|---|:---:|:---:|
| a)  Der Gast sucht ein kleines Zimmer für 2 Personen. |  | ✗ |
| b)  Er möchte ein Zimmer mit Dusche und WC. |  |  |
| c)  Das freie Zimmer ist laut. |  |  |
| d)  Der Gast nimmt das angebotene Zimmer. |  |  |
| e)  Der Zimmerpreis umfasst Übernachtung mit Frühstück. |  |  |

# 4.8 Wegbeschreibung
### *Giving Directions*

**Using the words below, fill in the blanks.**

| | | | | |
|---|---|---|---|---|
| ~~rechts~~ | über die Brücke | geradeaus | links | hinter |
| an der Ecke rechts | an der Kreuzung vorne links | | neben | |

1. Entschuldigung, wo ist hier eine Apotheke?
   Die Apotheke ist gleich hier vorne
   **_rechts_** .

2. Entschuldigen Sie, ich suche die Post?
   Die Post ist vorne an der Kreuzung rechts, dann _____ auf der rechten Seite.

3. Können Sie mir sagen, wo hier eine Tankstelle ist?
   Die Tankstelle ist _____ _____, dann gleich auf der rechten Seite.

4. Entschuldigung bitte, wo ist die Kirche?
   Die Kirche ist dahinten _____ _____ links.

5. Und wo finde ich hier bitte einen Supermarkt?
   Sie biegen dahinten _____ um die Ecke. Der Supermarkt ist dann gleich _____ dem Frisör.

6. Entschuldigung bitte, wo ist der nächste Bäcker?
   Eine Bäckerei ist da vorne über die Straße _____.

7. Wissen Sie, wo hier ein Kinderspielplatz ist?
   Ja, im Park, der Eingang ist dahinten über die Brücke, gleich _____ der Kirche.

Wo bitte ist ...?

Die ... ist ...

**1. Fill in the missing units of measure.**

| Pfund | Kilo | Gramm | Liter | Kopf | Stück |
|---|---|---|---|---|---|

- Was darf es sein?
- Ich möchte bitte 3 *Pfund* Äpfel und ein halbes _____ Pfirsiche.
  Dann noch 300 _____ Pilze und einen _____ Salat.
- Sonst noch etwas?
- Ja, geben Sie mir bitte noch einen _____ Milch und ein _____
  Butter. Was kostet das?
- Das macht zusammen 10 Euro 37.

**2. In a clothing store. Complete the dialogue.**

| | |
|---|---|
| Guten Tag, kann ich Ihnen helfen? | *Ich suche einen Mantel.* |
| 1. | Einen leichten Mantel fürs Frühjahr, der nicht so empfindlich ist. |
| Und welche Farbe soll es sein? | 2. |
| 3. | Normalerweise brauche ich Größe 38, aber bei Mänteln reicht auch Größe 36. |
| Wie gefällt Ihnen dieses Modell? | 4. |
| 5. | Ja, aber er ist etwas zu hell und außerdem zu teuer. Was haben Sie sonst noch da? |
| Versuchen Sie doch einmal diesen, er ist preiswerter und auch sehr schön. | 6. |
| Die Größe ist richtig, der Mantel sitzt gut und er steht Ihnen ausgezeichnet. | 7. |

Dann probieren Sie den Mantel doch einmal an. / Welche Größe tragen Sie?
Das finde ich auch, ich glaube, den nehme ich. / Und was stellen Sie sich vor?
Ich suche einen Mantel. / Ja, der ist nicht schlecht. / Das ist egal, nur soll er zu vielem passen. / Oh ja, der ist besser und ganz mein Stil.

## 4.10 Reisevorbereitungen
*Getting Ready for a Trip*

**1. Asking for information. Using the following facts, write a dialogue based on the example provided.**

| Ziel: München | gewünschte Ankunft: mittags | Abfahrt: 7.43 Uhr |
|---|---|---|

| Umsteigen in Stuttgart | | Ankunft: 11.59 Uhr |
|---|---|---|

**Reisender:** Guten Tag, ich möchte morgen nach Hamburg fahren. Wie fahre ich da am besten?

**Beamter:** Um wie viel Uhr möchten Sie denn ankommen?

**Reisender:** Nachmittags so gegen 17.00 Uhr.

**Beamter:** Dann nehmen Sie am besten den Intercity um 8.35 Uhr, dann sind Sie um 16.38 in Hamburg.

**Reisender:** Fährt der Zug durch oder muss ich umsteigen?

**Beamter:** Sie steigen zweimal um, in Kassel und in Hannover.

**Reisender:** Vielen Dank.

**2. At the ticket window. The middle portion of the dialogue has gotten mixed up. Put the sentences into the right order.**

| Reisender | Bahnbeamter |
|---|---|
| *Guten Tag, ich hätte gerne eine Fahrkarte nach Innsbruck.* | *Hin und zurück oder einfache Fahrt? ...* |
| a. Zweiter Klasse, mit dem Eurocity über München.<br><br>b. Einfache Fahrt.<br>c. Was macht das?<br>d. Bitte sehr, ich bezahle mit Scheckkarte. | e. Zusammen 234 Mark.<br>f. Dann brauchen Sie auch einen Zuschlag.<br>g. Mit welchem Zug fahren Sie?<br>h. Möchten Sie auch eine Platzreservierung? |
| *Ja, ich möchte nicht stehen. Am liebsten Nichtraucher. Einen Fensterplatz bitte im Großraumwagen. Vielen Dank. Auf Wiedersehen.* | *Raucher oder Nichtraucher? Fensterplatz oder Mittelgang? Ihre Fahrkarte bitte, gute Reise.* |

| 1. *b* | 2. | 3. | 4. | 5. | 6. | 7. | 8. |
|---|---|---|---|---|---|---|---|

# Beim Arzt
*At the Doctor's Office*

**1. Using the information below, write a dialogue based on this model.**

Patient: Guten Tag!
Arzt: Guten Tag! Was fehlt Ihnen?
Patient: Ich habe seit fünf Tagen Husten und Fieber.
Arzt: Bitte machen Sie den Oberkörper frei, damit ich Sie untersuchen kann! –
Sie haben eine starke Erkältung und sollten sich schonen. Ich verschreibe Ihnen ein Medikament. Hier ist Ihr Rezept. Kommen Sie bitte in drei Tagen wieder vorbei.

einen Magen-Darm-Virus – zwei Wochen – acht Tagen – Bauchweh und Durchfall

**2. What does the doctor say, and what does the patient say? Match the lines of the dialogue with the correct speaker.**

| Arzt: | |
|-------|--|
| Patient: | |

a) Haben Sie Temperatur?

b) Der Bauch tut mir weh.

c) Wie fühlen Sie sich?

d) Ich habe starke Kopfschmerzen.

e) Das Laufen bereitet mir Schwierig-keiten.

f) Tut der Hals beim Schlucken weh?

g) Sie sollten für einige Tage das Bett hüten.

h) Schmerzt es, wenn ich drücke?

i) Ich bin seit einer Woche heiser.

j) Wie ist Ihre Verdauung?

k) Nach dem Essen ist mir oft schlecht.

l) Ich möchte Ihren Puls messen.

m) Ihr Blutdruck ist sehr niedrig.

n) Das Fieber ist seit gestern sehr hoch.

o) Mir ist schwindelig.

p) Ich muss mich übergeben.

# 4.12 Gefühle ausdrücken
*Expressing Your Feelings*

Comments that express emotions are highly dependent on the context: the message that is conveyed changes in accordance with the accompanying gestures and the tone in which the remarks are uttered.

*1. Which face expresses which feeling? Match the words in the box with the faces below. Who do you think says what?*

*2. Now, draw a line connecting each statement with a face.*

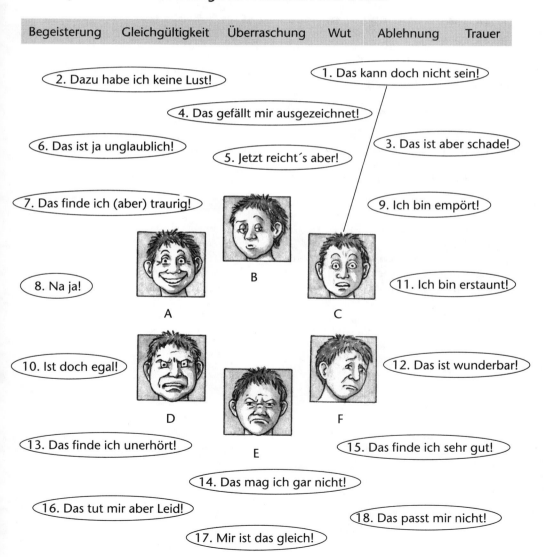

| Begeisterung | Gleichgültigkeit | Überraschung | Wut | Ablehnung | Trauer |
|---|---|---|---|---|---|

2. Dazu habe ich keine Lust!

1. Das kann doch nicht sein!

4. Das gefällt mir ausgezeichnet!

6. Das ist ja unglaublich!

5. Jetzt reicht´s aber!

3. Das ist aber schade!

7. Das finde ich (aber) traurig!

9. Ich bin empört!

8. Na ja!

11. Ich bin erstaunt!

10. Ist doch egal!

12. Das ist wunderbar!

13. Das finde ich unerhört!

15. Das finde ich sehr gut!

14. Das mag ich gar nicht!

16. Das tut mir aber Leid!

18. Das passt mir nicht!

17. Mir ist das gleich!

# Chapter 5

## Wortbildung
### *Word Formation*

### 1. Help with figuring out the meaning of unknown words

Compounds made up of several words – especially nouns – are a typical feature of the German language. Once you know the most important rules and mechanisms of word formation, you'll find it easier to figure out the meaning of unknown words and to create compound words yourself.

### 2. Methods of word formation

Words can be formed in two ways:
a) Word + word – *Lern-methode, tod-krank, durch-schlafen*
b) Prefix + word – <u>*Un*</u>-*lust*, <u>*ver*</u>-*lernen*  or
   word + suffix – *ess-<u>bar</u>, glück-<u>lich</u>*

### 3. Word formation

The most important word in a compound is always on the **right**.
It determines:
a) the **part of speech** of the compound
   tod*unglücklich* (adjective), das Weiß*bier* (noun), heim*gehen* (verb)
b) the **basic information** – the other parts of the compound supply the specifics:
   weg*gehen*, dunkel*blau*, Tür*schloß*
c) the **gender** of noun + noun compounds

*der* Spiel*ball*  ◄━  das Spiel + *der* Ball

### 4. Linking sound

Many compounds have an additional "linking sound" between the individual parts of the compound, so that the newly created word is easier to pronounce. Frequently used letters are "n," "s," "es," and "e." For the same reason, an "e" is omitted from many compounds.

die Liebe + das Leben = das Liebe-*s*-leben
das Auge + der Apfel = der Aug-apfel

# 5.1 Nomen plus Nomen
*Noun plus Noun*

## 1. Form compound words that match the drawings. Include the definite article.

~~das Land~~ – die Bank – der Zahn – die Tasche – der Park – das Zimmer – der Apfel –
~~die Karte~~ – der Abend – der Arzt – die Reise – der Baum – das Hotel – das Essen

1. **die Landkarte**

2. _____

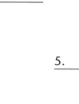

3. _____

4. _____

5. _____

6. _____

7. _____

## 2. Using the examples as a guide, form compound words.

> *die Blume + die Wiese (+ n ) = die Blume-**n**-wiese; das End**e** + das Spiel (– e) = das Endspiel*

1. die Tasche + der Dieb   (+ n) = _____

2. die Liebe   + der Film   (+ s) = _____

3. der Tag    + die Karte  (+ es) = _____

4. der Hund  + die Hütte  (+ e) = _____

5. die Erde   + der Ball   (– e) = _____

# 5.2 Verb, Adjektiv, Präposition + Nomen
*Verb, Adjective, Preposition plus Noun*

| | | | | | |
|---|---|---|---|---|---|
| a) waschen | (Verb) | + die Maschine | (Nomen) | = die Waschmaschine | (Nomen) |
| b) rot | (Adjektiv) | + der Wein | (Nomen) | = der Rotwein | (Nomen) |
| c) vor | (Präposition) | + die Speise | (Nomen) | = die Vorspeise | (Nomen) |

**1. To which of the three categories above do the following words belong?**

1. das Schwimmbad ☐
2. die Abfahrt ☐
3. der Braunbär ☐

4. der Kleinbus ☐
5. der Schreibtisch ☐
6. der Nachmittag ☐

**2. In the following words, locate the component that is derived from a verb. Give the infinitive form.**

a) das Lesebuch → *lesen*

b) das Esszimmer → _____

c) die Lernmethode → _____

d) die Leselampe → _____

e) der Gehweg → _____

f) die Putzfrau → _____

# 5.3 Verben werden zu Nomen
*Verbs Turn into Nouns*

Very frequently the ending *-ung* is used to make verbs into nouns. These nouns are always feminine.

**1. Form words based on the example provided.**

1. reinig-en → die *Reinig – ung*

2. halt-en → die _____

3. reservier-en → die _____

4. vorbereit-en → die _____

5. liefer-n → die _____

6. übersetz-en → die _____

7. plan-en → die _____

In German, the infinitive form of the verb frequently is also used as a noun. These nominalized forms are used with the neuter definite article "das." *Es macht ihm Spaß zu schreiben. – Das Schreiben macht ihm Spaß.*
Often, such words are found in official prohibitions, without the definite article. *Betreten verboten! Parken verboten!*

## 2. Using the verbs in the shaded box, fill in the blanks.

| laufen – trinken – malen – zuhören – rauchen |
| --- |

a) Das _____ fällt ihm nach seinem Unfall noch schwer.

b) _____ verboten!

c) (Das) _____ ist ihr liebstes Hobby.

d) (Das) _____ fällt den meisten Leuten schwer.

e) Ausreichendes _____ ist für den Körper wichtig.

# 5.4 Zusammensetzungen entschlüsseln
*Deciphering Compounds*

**What do these compound words mean? Match the words with the definitions on the right.**

1. die Zusammenarbeit      a) Schutz gegen Niederschlag

2. lebenslustig      b) Ort, an dem man Informationen über Züge bekommt

3. der Obstkuchen      c) Sprache, die man als Kind lernt

4. der Regenschirm      d) so traurig, dass man sterben möchte

5. bärenstark      e) zusammen an etwas arbeiten

6. die Muttersprache      f) Kuchen, z. B. mit Kirschen belegt

7. die Bahnhofsauskunft      g) sehr viel Kraft haben

8. todunglücklich      h) Spaß am Leben haben

| 1. *e* | 2. ____ | 3. ____ | 4. ____ | 5. ____ | 6. ____ | 7. ____ | 8. ____ |
| --- | --- | --- | --- | --- | --- | --- | --- |

# Geschlecht an den Suffixen erkennen
*Telling Gender by Suffixes*

There are no absolute rules that explain why a certain noun is used with the definite article "der," "die," or "das." But there are clues – suffixes, for example – that let us recognize gender with some regularity.

*1. Which nouns are feminine, which are masculine, and which are neuter? Assign the following nouns to the correct category.*

Freiheit – Eigentum – Feigling – Erlebnis – Realität – Freundlichkeit
Forderung – Herrschaft – Fehler – Häuschen – Bäckerei
Dokument – Ärztin – Teppich – Honig – Motor – Information

| maskuline Suffixe | maskuline Substantive |
|---|---|
| -ling | der |
| -er | der |
| -or | der |
| -ich | der |
| -ig | der |

| feminine Suffixe | feminine Substantive |
|---|---|
| -heit | die *Freiheit* |
| -keit | die |
| -ei | die |
| -ung | die |
| -tät | die |
| -schaft | die |
| -ion | die |
| -in | die |

| neutrale Suffixe | neutrale Substantive |
|---|---|
| -ment | das |
| -nis | das |
| -tum | das |
| -chen/-lein | das |

The endings *-chen* and *-lein* are added to form diminutive nouns, which have certain special features: the inclusion of linking sounds and/or the omission of final sounds, and the appearance of umlauts in the formation of the diminutive.

**2. Pet names are affectionate terms for people who are close to us: Herz → Herzchen, for example. Using the words inside the heart, form pet names.**

1. _das Täubchen_

5. _____

2. _____

1. ~~Taube~~   2. Schnecke

3. Hase   4. Spatz   5. Schatz

6. Puppe   7. Katze

8. Bär

6. _____

3. _____

7. _____

4. _____

8. _____

**3. Think up German pet names for people you're fond of. Let your fantasy have free rein!**

_____

_____

_____

---

In parts of southern Germany, the ending -le is used for the diminutive and to form pet names: Herz-le. In Austria, the ending -erl is used: Herz-erl. In Switzerland, the diminutive ending is -li: Herz-li.

# 5.6 Adjektivpräfixe und -suffixe

*Adjective Prefixes and Suffixes*

---

Common suffixes of adjectives are *-los, -arm, -frei, -haft, -voll, -ig, -lich, -isch, -sam, -bar, -leer, -reich.*

The prefix *un-* often signifies the opposite of the base word.

---

**1. In the following sentences, the adjectives have gotten mixed up. Put things in order by indicating the correct combinations in the boxes below.**

|  |  |  |
|---|---|---|
| 1. Sie hat Angst. | = | Sie ist *ängstlich* (a). |
| 2. Diese Pilze kann man essen. | = | Sie sind *kurvig (b)*. |
| 3. Auf der Straße sind keine Menschen. | = | Sie ist *pausenlos (c)*. |
| 4. Sie hat kein Fieber mehr. | = | Sie ist *humorvoll (d)*. |
| 5. Es regnet die ganze Zeit. | = | Es regnet *essbar (e)*. |
| 6. Pass auf, die Straße hat viele Kurven. | = | Sie ist *unfreundlich (f)*. |
| 7. Er hat viel Humor. | = | Er ist *kindisch (g)*. |
| 8. Er benimmt sich wie ein Kind. | = | Sein Verhalten ist *schmackhaft* (h). |
| 9. Die Bedienung im Café ist nicht sehr freundlich. | = | Sie ist *fieberfrei (i)*. |
| 10. Das Essen schmeckt gut. | = | Es ist *menschenleer (j)*. |

| 1. *a* | 2. | 3. | 4. | 5. | 6. | 7. | 8. | 9. | 10. |
|---|---|---|---|---|---|---|---|---|---|
|  |  |  |  |  |  |  |  |  |  |

**2. What goes where? Put the adjectives into the right sentences.**

a) fehlerhaft – fehlerfrei

Er hat lange geübt, jetzt kann er das Diktat *fehlerfrei* schreiben.

Das Produkt hat Mängel, es ist *fehlerhaft*.

b) luftleer – luftig

Ein Vakuum enthält keine Luft, es ist _____.

Es ist heiß, ihre Kleidung ist deshalb _____.

c) farbenfroh – farblos

Im Kinderzimmer gibt es viele Farben, es ist _____.

Sein Vortrag war langweilig und _____ .

d) furchtsam – furchtbar

Der Unfall war _____ , es gab zwei Tote.

Er ist sehr _____ und hat seine Wohnung gut gesichert.

80

# Chapter 6

## Orthographie und Aussprache
### *Spelling and Pronunciation*

### 1. Knowledge of spelling and pronunciation will help you learn words

Knowing a few special features of German spelling and pronunciation will make it easier to learn new words. You'll see that it also will help you understand unfamiliar words more readily.

### 2. "Schreiben wie man spricht" – that's true, with some qualifications

In German, most words are spelled the way they are pronounced. Most – but not all. The following chapter deals with sounds and combinations of sounds that "have their own way": Their pronunciation is determined by the sounds that precede or follow them. And the chapter also covers sounds that can be spelled in several ways.

### 3. Umlauts – ä, ö, ü

The modification of the three vowels **a**, **o**, and **u** by the umlaut into the vowels **ä**, **ö**, and **ü** often causes problems. Beginners can deal with them more easily if they know when and where such modifications tend to occur.

### 4. In case of doubt, a dictionary can help

There you'll find not only the correct spelling of words, but also precise information about their pronunciation. In addition, most bilingual dictionaries offer a comparison between the sounds of the mother tongue of the learner and those of the target language. Therefore, it's very helpful to familiarize yourself with phonetic transcription, which uses special symbols to describe pronunciation. Phonetic symbols are always given in brackets.

# 6.1 Der Wechsel zwischen a ↔ ä, o ↔ ö, u ↔ ü, au ↔ äu

*Alternation between a ↔ ä, o ↔ ö, u ↔ ü, au ↔ äu*

Umlauts are a special feature of the German alphabet. They are used in forming the plural, in comparison, in conjugation, and in word formation.

**1. Form the plural of the following nouns. Watch out, <u>one</u> noun forms its plural without the help of an umlaut. For those nouns that also add an ending, the ending is provided in parentheses.**

*der Bruder → die Brüder, der Ton (-e) → die Töne, der Hund (-e) → die Hunde*

1. der Vater     → _____
2. der Schaden   → _____
3. der Baum (-e) → _____
4. der Wagen    → _____
5. die Tochter   → _____

6. der Fluss (-e) → _____
7. die Mutter    → _____
8. der Sohn (-e) → _____
9. die Maus (-e) → _____
10. der Boden   → _____

**2. What are the comparative forms of the following adjectives? (For the formation of comparatives and superlatives, see Chapter 7, page 95.)**

*klug → klüger → am klügsten, alt → älter → am ältesten*

1. stark   → _____ → _____
2. groß    → _____ → _____
3. dumm  → _____ → _____

**3. Some verbs acquire an umlaut in the second and third person forms of the present tense. Conjugate the verbs below as indicated.**

*fahren → du fährst, er/sie/es fährt*

1. tragen  → _____ _____
2. laufen  → _____ _____
3. stoßen  → _____ _____
4. halten  → _____ _____

**4. Some words change to an umlauted vowel when they become a different part of speech. To understand unfamiliar words, it can help if you replace the umlaut with the simple vowel, and vice versa. Form words as indicated in the example provided below.**

> *der Ton (Nomen) → tönen (Verb), das Jahr (Nomen) → jährlich (Adjektiv)*

| der Kuss | (Nomen) | → | (Verb) | _____ |
| träumen | (Verb) | → | (Nomen) | _____ |
| der Tod | (Nomen) | → | (Adjektiv) | _____ |
| der Tag | (Nomen) | → | (Adjektiv) | _____ |

## 6.2 „s" – ein Laut für Ausnahmen
### "s" – a Sound for Exceptions

| 1. at the start of a word (also in compound words): | s + t / p | → pronounced: | „scht" [ʃt] „schp" [ʃp] | *Stunde, verstehen* *Spiel, Ballsport* |
|---|---|---|---|---|
| 2. within a word and at the end of a word: | s + t / p | → pronounced: | „st" [st] „sp" [sp] | *Obst, Fenster* *Knospe, Prospekt* |

*In the following words, fill in "s" or "sch." Then read the sentences aloud, trying to use the correct pronunciation.*

1. In unserer __S__tube stehen vier __S__tühle, ein Ti __sch__ und ein Bücher __sch__rank.

2. Er ____pricht und ____reibt ____panisch und Italieni____ , aber am be____ten kann er Engli____ .

3. ____port, Ge____ichte und Kun____t machen mir in der ____ule am mei____ten ____paß.

4. ____tehen die Ki____ten mit den ____lössern im zweiten ____tock?

5. Mit ____tift, ____ere, Kleb____toff und Papier ba____telt sie die ____langen.

6. Ge____tern waren wir im Kino und an____ließend auf dem ____traßenfe____t tanzen.

# 6.3 „ss" oder „ß"

*"ss" or "ß"*

---

The voiceless "s" can be written in two ways:

After a long vowel, use "ß," after a short vowel, use "ss."
After diphthongs, always use "ß."
*die Masse* ['masə] = quantity; pronounced with a short "a."
*die Maße* ['maːsə] = statement of an object's size; pronounced with a long "a"

---

**1. Add "ss" or "ß" and enter the words in the table. Pronounce each word as you write it. Use a dictionary if necessary.**

der Ku__, ~~der Gru__~~, mü__en, die Stra__e, die Nu__, der Flu__, das Erdgescho__,
gro__, schlie__en, hei__en, bei__en, bi__chen

| langer Vokal = ß | kurzer Vokal = ss |
|---|---|
| *der Gruß* | |
| | |
| | |
| | |
| | |

**2. Form word pairs that rhyme. Write the pairs in the boxes, pronouncing the words as you write.**

passen — der Schoß — der Gruß — ~~der Bass~~ — das Ross — nass — der Riss — der Kuss
dreißig — grüßen — der Sessel — büßen — das Schloss — ~~das Fass~~ — die Straße — bloß
blass — die Maße — fleißig — der Ruß — der Biss — der Schluss — der Kessel — lassen

| | |
|---|---|
| *der Bass* und *das Fass* | und |
| und | und |
| und | und |
| und | und |
| und | und |
| und | und |

---

Differentiate between "das" (neuter definite article) and "dass" (conjunction).
*Ich weiß, da<u>ss</u> da<u>s</u> Auto in die Werkstatt muss.*

## 6.4 Das „ch" liebt die Abwechslung
*The "ch" Likes Variety*

### A. The ach-**sound**

| "ch" after | "a," "o," "u," "au" | = [x] | velar fricative (in the back of the throat) | *die Macht, der Docht, die Sucht, tauchen* |
|---|---|---|---|---|

### B. The ich-**sound**

| "ch" | after "e," "i" "ä," "ö," "ü," "y," "ei," "ie," "eu," consonant at the start of a word or syllable | = [ç] | palatal fricative (farther forward in the mouth) | *Recht, ich, Mächte, Bücher, weich, riechen, manchmal, Chemie* |
|---|---|---|---|---|

In some cases, the "ch" in a word can be the *ach*-sound at one time and the *ich*-sound at another. That happens whenever a vowel is modified by the umlaut, as in the formation of the plural: *der Koch – die Köche.*

### C. Pronounced as "k"

| "ch" + "s" | = [ks] | pronounced like letter "k" | *Wuchs, Büchse, nächster* |
|---|---|---|---|

*Mark the correct pronunciation of "ch" in the following words.*

| | Pronounced as "k" | The *ach*-sound | The *ich*-sound |
|---|---|---|---|
| rauchen | | ✘ | |
| Becher | | | |
| aufwachen | | | |
| Achtung | | | |
| Licht | | | |
| Tuch | | | |
| Wachs | | | |
| Tücher | | | |
| Bach | | | |
| China | | | |
| Lachs | | | |
| lachen | | | |
| lächeln | | | |
| Kindchen | | | |
| Bauch | | | |

# 6.5 Verhärtung von Lauten
*Hardening of Sounds*

At the end of a word or syllable and before consonants, some voiced ("soft") sounds become voiceless ("hard"), without any change in spelling.
*das Laub* [laʊp] – The "b" is pronounced like "p," because it is at the end of a syllable.
*die Traube* [traʊbə] – The "b" is voiced, because it is at the beginning of a syllable.

**1. In the following words, underline sounds that are "hardened," or voiceless. Then read all the words aloud.**

| | | |
|---|---|---|
| 1. der Sandstrand | 5. die Lüge | 9. das Ende |
| 2. die Endstation | 6. die Häuser | 10. das Haus |
| 3. toben | 7. der Rand | 11. lieblich |
| 4. der Tag | 8. der Reiskuchen | 12. wegfahren |

| | | |
|---|---|---|
| „s" [z] | ↔ | „s" [s] |
| „b" [b] | ↔ | „p" [p] |
| „d" [d] | ↔ | „t" [t] |
| „g" [g] | ↔ | „k" [k] |

If you're not sure how a word is spelled, try to "lengthen" the word, in one of the following ways:
– with nouns, by forming the plural: *das Los – die Lose, der Mund – die Münder, der Dieb – die Diebe*
– with adjectives, by forming the comparative: *klug – klüger, lieb – lieber, grob – gröber*
– with verbs, by forming the infinitive: *fand – finden, reist – reisen, magst-mögen*
– by forming a related word: *das Fremdwort – Fremde/Wörter, häuslich – Häuser, lenkbar – lenken*

**2. Try to "lengthen" these words as shown above in order to find the correct spelling.**

| | | |
|---|---|---|
| 1. der Krie_ → _____ | | 6. tra_bar → _____ |
| 2. der Rau_fisch → _____ | | 7. gesun_ → _____ |
| 3. der Gra_stein → _____ | | 8. tau_ → _____ |
| 4. ü_t → _____ | | 9. ga_ → _____ |
| 5. das Lei_ → _____ | | 10. überzeu_t → _____ |

## 6.6 Groß- und Kleinschreibung – kein Hexenwerk

*Capital Letter or Lowercase – No Magic Involved!*

One special feature of German is the rule that all nouns are capitalized. They are recognizable by the words that accompany them. Since all parts of speech can become nouns, it is important to know these accompanying words, which include the following: articles (*der, eine, ...*), prepositions (*ab, bei ...*), possessive and demonstrative adjectives (*mein, ihr, diese ...*), adjectives (*langes* Suchen, *tiefes* Atmen), and statements of quantity (*viele, einige, zwei ...*).
*Drei Tage nach <u>seinem</u> Urlaub musste er <u>ins</u> Ausland reisen, um <u>einige wichtige</u> Geschäfte abzuschließen.*

**1. Underline the accompanying words in the following material.**

Sehr geehrter Herr Krause,

herzlichen Dank für die pünktliche Lieferung der Ware.
Im Allgemeinen war alle Ware, die wir bisher von Ihnen geordert haben, fehlerfrei.
Dieses Mal mussten wir leider feststellen, dass an zwei Geräten der Lieferung ein
Schaden vorliegt. Wir bitten Sie, uns möglichst bald einen Ersatz für die defekten
Teile zu senden. Die Rechnung wird sofort nach Erhalt dieser Teile beglichen.
Vielen Dank im Voraus.

Mit freundlichen Grüßen

*Walter Weber*

In some fixed verb combinations (verb + noun), nouns are used without accompanying words. Here, too, the nouns are capitalized. (*Ich möchte den Wagen gerne einmal <u>Probe fahren</u>.*)

**2. Complete the sentences with an appropriate verb combination.**

Rad fahren – Halt machen – Schuld haben – Recht haben – Angst haben – Eis essen – ~~Auto fahren~~

a) Kannst du **Auto fahren** ?

b) Alle Kinder mögen gerne _____.

c) Kannst du bitte _____, mir ist schlecht vom Fahren?

d) Wenn Sie an dem Unfall _____, wird Ihre Versicherung teurer werden.

e) Es ist wie verhext, wenn wir _____, fängt es meist an zu regnen.

f) Wenn Sie _____ und wir einen Fehler gemacht haben, werden wir die Rechnung korrigieren.

g) Du musst keine _____, der Hund beißt nicht.

# 6.7 Homonyme = ein Wort und zwei Bedeutungen

*Homonyms = One Word and Two Meanings*

Mutter a) drehbarer Teil einer Schraube
b) Frau, die Kind(er) hat
Bank a) Geldinstitut
b) Sitzgelegenheit für mehrere Personen
Strauß a) mehrere Blumen zusammengebunden
b) sehr großer Vogel, der in Australien vorkommt
Ball a) rundes Spiel- und Sportgerät
b) Tanzfest
Hahn a) männliches Huhn
b) Teil der Leitung, aus dem Wasser fließt
Schloss a) nobler Wohnort von Königen
b) Vorrichtung zum Abschließen der Tür
Ton a) Material für Tassen, Teller u. a.
b) was man hören kann
Birne a) längliche, gelbe oder grüne Frucht
b) Teil einer Lampe, der Licht gibt
Star a) berühmte Person
b) schwarzer Vogel
Tor a) große Tür, meist draußen
b) Treffer beim Fußball

*Fill in the blanks in the picture puzzle. In the explanations above, you'll find the words that go with the drawings.*

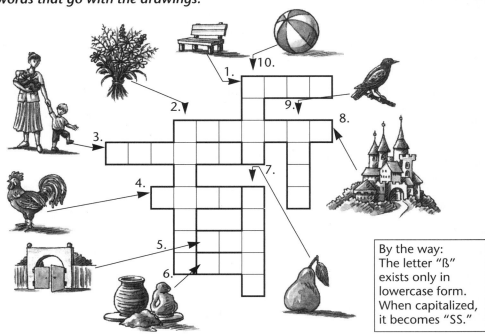

By the way:
The letter "ß"
exists only in
lowercase form.
When capitalized,
it becomes "SS."

# Chapter 7

## Grammatik
### *Grammar*

### 1. Why learn grammar when you're focusing on vocabulary?

Grammar helps you understand language and generate language yourself. Words do not occur in isolation, but always in a context. Grammar deals with the ways in which they are used in context.

### 2. Recognizing and applying the rules of grammar

Collect examples dealing with major grammatical topics – entire sentences, if possible. You can derive and transpose rules on the basis of good examples. Just try sometime to formulate the rules in your own words – often such rules are easier to remember.

### 3. Compare grammatical structures

Look through German texts that you come across in everyday life to find their grammatical structures. Compare the grammatical features with those of English. Concentrate on learning the differences, such as differences in word order, and keep applying the structures to similar examples. That will consolidate your knowledge.

### 4. "Übung macht den Meister"

Practice makes perfect. Look at your "personal grammar" on a regular basis, and repeat the examples. Then you'll eventually be able to automatically apply the rules correctly.

# 7.1 Verben
*Verbs*

Some verbs change their stem vowel in certain verb forms: *finden – fand – gefunden*.
Start a set of verb cards, noting important verbs in this group on separate index cards.

**1. Write the appropriate past tense forms in the blanks. Look them up in a verb list if necessary.**

Ein abergläubischer Mensch

Gestern früh **stand** ich mit dem linken Fuß **auf**. Auf dem Weg zur Arbeit

_____ (laufen) mir zuerst eine schwarze Katze von links nach rechts über

den Weg. Danach _____ (gehen) ich noch unter einer Leiter durch, die an

einer Hauswand _____ (stehen). Im Büro schließlich _____ (lesen) ich auf

dem Kalender das Datum: Freitag, der Dreizehnte. Da _____ (nehmen) ich

sofort ein Taxi und _____ (fahren) nach Hause. Ich _____ (bleiben) den Rest

des Tages im Bett. Ich _____ (wissen), da _____ (können) mir nichts

passieren.

Most verbs form the perfect tenses with the auxiliary verb *haben:*
*Ich habe mich gewaschen. – Ich habe einen Brief geschrieben.*
Verbs that indicate a change of position (*laufen, gehen*) and verbs that indicate a change
of condition (*einschlafen, aufwachen*) use *sein.*
*Ich bin nach Berlin gefahren. – Er ist schon eingeschlafen.*
In addition, the verbs *bleiben*, *sein*, and *werden* form the perfect with *sein.*

**2. Complete the sentences with a form of "haben" or "sein" and the correct form of the past participle.**

1. fliegen: Er **ist** für drei Tage nach New York **geflogen**.

2. laufen: Sie _____ zum Bus _____ , um ihn nicht zu verpassen.

3. üben: Sie _____ 3 Wochen lang für die Prüfung _____ .

4. bleiben: Ich _____ gestern noch lange auf der Party _____ .

5. sagen: Er _____ mir bereits _____ , dass er studieren möchte.

6. finden: Nach langer Suche _____ sie eine passende Wohnung _____ .

7. aufwachen: Heute Morgen _____ sie sehr früh _____ .

# 7.2 Trennbare und untrennbare Verbpräfixe
*Separable and Inseparable Verb Prefixes*

**Separable** prefixes are not directly connected with the verb, except in the infinitive and the past participle. They are stressed in pronunciation. They include *ab-, an-, auf-, aus-, bei-, ein-, mit-, nach-, vor-, weg-, zu-, zurück-*, and others. *Er läuft zurück und holt die anderen ab.*
**Inseparable** prefixes are always directly connected with the verb. They are not stressed in pronunciation. They include *be-, emp-, ent-, er-, ge-, hinter-, miss-, ver-, wider-, zer*, and others. *Er verläuft sich in der fremden Stadt.*

**1. Using the words below, form sentences. Keep in mind the position of the separable prefix – always at the end of the sentence or clause.**

a) Er / ausfüllen / das Formular / und / abschicken / per Eilpost / es /.

*Er füllt das Formular aus und schickt es per Eilpost ab.*

b) Viele Menschen / wegfahren / im Urlaub /.

_____

c) Der Zug / ankommen / um 7.31 in Frankfurt /. Er / weiterfahren / 5 Minuten später /.

_____

d) Er / zurücklaufen / weil er seinen Schirm vergessen hat /.

_____

e) Alle /aussteigen / an der letzten Haltestelle /.

_____

f) Sie / vorlesen / den Kindern abends immer etwas /.

_____

Verbs with an **inseparable** prefix form the past participle without *ge-*: *verlaufen*.
Verbs with a **separable** prefix insert *ge-* between the prefix and the verb stem: *abgelaufen*.

**2. Complete the following sentences with the verbs provided.**

a) Er hat seinen Türschlüssel im Haus **vergessen** und muss durchs Fenster einsteigen.

b) In diesem Jahr haben Sie Italien als Urlaubsziel _____ (auswählen).

c) Er hat sich etwas zu essen ins Büro _____ (mitbringen).

d) Er hat sich die Bilder mit großer Begeisterung _____ (ansehen).

e) Hast du die Tabletten in Wasser _____ (auflösen)?

f) Ich habe gestern meinen Schlüssel _____ (verlieren).

g) Die Schüler haben dem Lehrer _____ (widersprechen).

91

# 7.3 Modalverben
*Modal Verbs*

There are six or seven modal verbs: *mögen/möchten – können – dürfen – müssen – wollen – sollen*. With them you can express desire, permission, prohibition, necessity, or intention. They are usually used with a second verb, which appears in infinitive form at the end of the sentence. *Ich möchte mit dir tanzen.*

## 1. Complete the sentences below the pictures with an appropriate modal verb.

Er _____ nicht laufen.
(Er hat sich den Fuß ge-
brochen.)

Er _____ nicht laufen.
(Er ist zu faul.)

Er _____ nicht laufen.
(Der Arzt rät ihm, sich
zu schonen.)

Er _____ nicht laufen.
(Er hat keine Lust.)

Er _____ laufen.
(Sonst verpasst er den Bus.)

Er _____ nicht laufen.
(Er wurde disqualifiziert.)

## 2. Form sentences with the words provided, and pay attention to the position of the verbs.

a) Er / heute verreisen wollen = ***Er will heute verreisen.***_____

b) Sie / gut Gitarre spielen können = _____

c) Er / nicht zur Schule gehen wollen = _____

d) Sie / morgen ins Kino gehen möchten = _____

e) Kinder / keinen Alkohol kaufen dürfen = _____

# 7.4 Adjektivendungen
*Adjective Endings*

Whether an adjective has an ending or not depends on its position:
If it follows the noun, it has no ending: *Das Auto ist <u>neu</u>.*
If it precedes the noun, it has an ending: *das <u>neue</u> Auto, die <u>neuen</u> Autos, ein <u>neues</u> Auto, <u>neue</u> Autos usw.*

To do the following exercises, you need to know these endings:

| Nom (Sing) | das neu**e** Auto | die groß**e** Frau | der grün**e** Mantel |
|---|---|---|---|
| Akk (Sing) | das neu**e** Auto | die groß**e** Frau | den grün**en** Mantel |
| Nom (Sing) | ein neu**es** Auto | eine groß**e** Frau | ein grün**er** Mantel |
| Akk (Sing) | ein neu**es** Auto | eine groß**e** Frau | einen grün**en** Mantel |
| Nom/Akk (Plural) | die neu**en** Autos | die groß**en** Frauen | die grün**en** Mäntel |

**1. What does Uwe want for Christmas? Indicate which adjective endings are correct.**

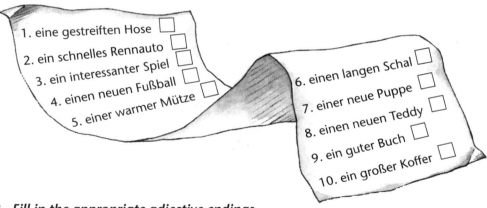

1. eine gestreiften Hose ☐
2. ein schnelles Rennauto ☐
3. ein interessanter Spiel ☐
4. einen neuen Fußball ☐
5. einer warmer Mütze ☐
6. einen langen Schal ☐
7. einer neue Puppe ☐
8. einen neuen Teddy ☐
9. ein guter Buch ☐
10. ein großer Koffer ☐

**2. Fill in the appropriate adjective endings.**

Paul hat mich eingeladen. Wir wollen ins Kino gehen. Am besten ziehe ich den grün**en** Hosenanzug an. Oder vielleicht den kurz__ blau__ Minirock? Nein, der blau__ Rock ist ja in der Reinigung. Dann nehme ich eben das gelb__ Kleid. Dazu trage ich den grau__ Blazer und die schwarz__ Schuhe. Und den hellgrau__ Hut! Aber nach dem Kino gehen wir ja noch in die Kneipe. Dann ist das vielleicht zu elegant. Also, warum ziehe ich nicht einfach die schokoladenbraun__ Hose und das weiß__ T-Shirt an? Aber Paul mag die Hose nicht. Ich glaube, ich rufe Paul an. Ich komme nicht mit. Ich habe Kopfschmerzen.

> If an adjective and a noun are unaccompanied by an article, the adjective takes the last letter of the appropriate article as an ending.
> das alte Haus → altes Haus

### 3. Specials at the supermarket. Complete the list with the words on the right.

Heute billig!

spanischer Sekt

~~spanisch / Sekt~~

französisch / Brot

belgisch / Schokolade

neu / Kartoffeln

holländisch / Käse

ungarisch / Salami

griechisch / Olivenöl

### 4. Complete the classified ads with the adjectives provided. Make sure to add the right endings!

**Sie sucht ihn**

a) Emanzipierte, _____ _____ Lehrerin Anfang 40 sucht _____ Mann im _____ Alter für _____ Freundschaft.
Nur ernst _____ Zuschriften an SZ 129890 (Chiffre).

jung geblieben • gleich • gebildet
dauerhaft • gemeint

b) Bist du _____, sensibel und meistens _____ _____?
Magst du _____
Kinder, die hin und wieder auch mal _____ sind? Dann ruf mich doch mal unter 089 - 7 19 53 45 an.

gut gelaunt • laut • phantasievoll
fröhlich

**Er sucht sie**

c) Nach einer _____ Enttäuschung suche ich, 53 Jahre _____, sportlich, an Kultur _____, eine Frau, die _____ und _____ ist. Sie sollte _____ sein – ich bin leider seit einem Jahr _____.
Chiffre SZ 198445

schwer • arbeitslos • interessiert • berufstätig • aufgeschlossen • alt • tolerant

d) Jetzt oder nie! Ich bin Anfang 30, nicht gerade _____, aber finanziell _____.
Welche _____ und _____ _____ Frau macht mit mir eine _____ Weltreise? Trau dich!
Chiffre BZ 9905837

unabhängig • einjährig • selbstständig
reich • abenteuerlustig

# 7.5 Adjektive: Komparativ – Superlativ

*Adjectives: Comparative – Superlative*

---

The comparative is formed by adding "-er" to the adjective; the superlative is formed by adding "-(e)sten." If the adjective ends in "ß," the ending is "-ten." Short adjectives of one syllable modify the vowel by an umlaut. See Chapter 6, page 82.

| | | | | |
|---|---|---|---|---|
| bunt | → | bunter | → | am buntesten |
| klein | → | kleiner | → | am kleinsten |

---

**1. Using the comparative degree, form sentences based on the example given.**

⊕ → das Tier ist „überlegen"     ⊖ → das Tier ist „unterlegen"

a) ⊕: Elefant / Nashorn / schwer sein: *Ein Elefant ist schwerer als ein Nashorn.*

b) ⊕ Adler / Papagei / schnell fliegen: _____

c) ⊕: Känguru / Antilope / hoch springen: _____

d) ⊖: Eisbär / Robbe / langsam sein: _____

e) ⊖: Hyäne / Wolf / klein sein: _____

f) ⊖: Bär / Kamel / kurz leben: _____

**2. Using the appropriate comparative or superlative forms, complete the sentences.**

Familienwettbewerb

Meine Schwester singt schön, mein Bruder singt schöner, aber _____ singe ich. Ich kann gut schwimmen, meine Schwester schwimmt _____, doch am besten schwimmt mein Bruder. Ich bin stark, mein Bruder ist stärker, aber _____ ist meine Schwester.

| Unregelmäßige Komparative und Superlative: | | | | |
|---|---|---|---|---|
| gut | → | besser | → | am besten |
| viel | → | mehr | → | am meisten |
| hoch | → | höher | → | am höchsten |
| nah | → | näher | → | am nächsten |

Mein Vater springt hoch, mein Bruder springt _____, doch am höchsten springe ich. Mein Onkel wohnt nahe bei uns, meine Tante wohnt näher, doch _____ wohnt meine Oma. Meine Mutter treibt viel Sport, mein Vater treibt _____ Sport, doch am meisten Sport treibt mein Bruder.

# 7.6 Präpositionen

*Prepositions*

---

**Wo: Where** is someone/something located, lying, or standing? Indication of position
→ **dative**

---

**1. Using appropriate prepositions, complete the sentences.**

| an | auf | hinter | über | neben | im | unter | vor |

a) Die Schere liegt __*auf*__ dem Tisch.

b) Der Stuhl steht _____ dem Tisch.

c) Die Katze liegt _____ dem Stuhl.

d) Die Lampe hängt _____ über dem Tisch.

e) Die Uhr hängt _____ der Wand,

   _____ der Tür und dem Fenster.

f) Das Kind steht _____ dem Tisch.

g) Die Äpfel liegen _____ Korb.

h) Die Frau steht _____ dem Tisch.

---

**Wohin?** = indication of direction (away from the speaker) → **accusative**
**Woher?** = indication of direction (toward the speaker)    → **dative**

---

**2. Using the nouns in parentheses, answer the questions.**

a) Woher kommst du? Ich komme aus **der Schule**. *(die Schule)*

Wohin gehst du? Ich gehe in **die Schule**.

b) Wohin legst du das Buch? Ich lege es auf _____.(das Regal)

Woher hast du das Buch? Ich habe es aus _____ genommen.

c) Wohin hängst du das Bild? Ich hänge es an _____.(die Wand)

Woher nimmst du das Bild? Ich nehme es von _____.

d) Wohin legst du den Koffer? Ich lege ihn unter _____.(das Bett)

Woher holst du den Koffer? Ich hole ihn unter _____ hervor.

e) Wohin legst du den Brief? Ich lege ihn in _____.(die Schublade)

Woher holst du den Brief? Ich hole ihn aus _____.

# 7.7 Fragepronomen
*Interrogative Words*

**Fill in the appropriate interrogative words.**

welche • wie lange • wann • warum • wie • wie oft • womit • wie viel • wer • was

a) _____ dauert es noch? – Es dauert noch etwa 2 Stunden.

b) _____ Krawatte passt zu dem blauen Anzug? – Die graue passt am besten.

c) _____ muss man die Tabletten nehmen? – Dreimal täglich nach dem Essen.

d) _____ siehst du dir den Film an? – Ich denke am Wochenende.

e) _____ Milch brauchst du? – Einen viertel Liter.

f) _____ hat er die Flasche geöffnet? – Mit einem Flaschenöffner.

g) _____ bist du zu Fuß gekommen? – Weil ich den letzten Bus verpasst habe.

h) _____ ist passiert? – Ich bin hingefallen.

i) _____ schmecken euch die Erdbeeren? – Sie schmecken köstlich.

j) _____ kann nicht kommen? – Peter kann nicht kommen.

# 7.8 Verneinung
*Negation*

> **kein** – precedes nouns, used like indefinite article ("ein"); **nicht** – negates the entire sentence, usually placed next to verb; **nie** – adverb; **nichts** – stands for objects, stands alone or precedes nouns; **niemand** – stands for persons, stands alone or precedes nouns

**Insert the appropriate negation. For some sentences, there are several correct answers.**

a) Er kann ___*nicht*___ gut Rad fahren.

Sie trinkt _____ gerne Wein, sie mag lieber Saft.

Ich trinke _____ , wenn ich Auto fahren muss.

Er trinkt _____ Wein, sondern immer nur Mineralwasser.

b) In der Schule war er _____ guter Schüler, aber im Beruf ist er erfolgreich.

Er war noch _____ ein guter Schüler, das Lernen fällt ihm schwer.

Wenn Sie das Gelernte _____ regelmäßig wiederholen, haben Sie es bald vergessen.

_____ glaubt, dass sie die Prüfung besteht.

# Der Plural der Nomen

*Noun Plurals*

Because German has many ways of forming the plural, it is best to memorize the plural along with the singular each time you learn a new noun. It is helpful, however, to know a few of the common ways of forming the plural.

***Fill in the plural of the nouns in the center column.***

| Endungen | Singular | Plural |
|---|---|---|
| A. no ending (diminutives and nouns that end in -en, el, or -er) | das Kind**lein** <br> das Stück**chen** <br> das Leb**en** <br> das Üb**el** <br> das Mess**er** <br> der Tropf**en** <br> der Zett**el** <br> der Lehr**er** | *die Kindlein* <br> _____ <br> _____ <br> _____ <br> _____ <br> _____ <br> _____ <br> _____ |
| B. ending -s (many international terms) | der Chef <br> die E-Mail <br> das Taxi | *die Chefs* <br> _____ <br> _____ |
| C. ending -n (feminine nouns that end in -e) | die Farbe <br> die Traube | _____ <br> _____ |
| D. ending -(e)n (most feminine nouns) | die Lehrer**in** (+ n) <br> die Gärtner**ei** <br> die Ein**heit** <br> die Ewig**keit** <br> die Lieb**schaft** <br> die Reak**tion** <br> die Üb**ung** | *die Lehrerinnen* <br> _____ <br> _____ <br> _____ <br> _____ <br> _____ <br> _____ |
| E. ending -er (one-syllable neuter nouns, some masculine nouns) | das Wort <br> das Bild <br> der Mann* | _____ <br> _____ <br> *die Männer* |
| F. ending -e (various one-syllable nouns) | das Schiff <br> der Baum* <br> die Stadt* | *die Schiffe* <br> _____ <br> _____ |

*For modification of vowels by umlauts, see also Chapter 6, page 82.

# 7.10 Konjunktionen
## Conjunctions

> Conjunctions connect clauses and express a relationship between them:
> *Ich habe dich lieb <u>und</u> ich möchte dich heiraten.*
> *Ich habe dich lieb, <u>aber</u> ich möchte dich nicht heiraten.*
> *Ich möchte dich heiraten, <u>weil</u> ich dich lieb habe.*
> *<u>Obwohl</u> ich dich lieb habe, möchte ich dich nicht heiraten.*

**1. Using the following conjunctions, fill in the blanks: und, aber, oder, denn, obwohl, weil, bevor, während, als, wenn, nachdem.**

a) Sie kocht Suppe _____ bäckt ein Brot.

b) In der Freizeit liest er _____ hört Musik.

c) Am besten nimmst du die Wäsche ab, _____ es sieht nach Regen aus.

d) Sie isst viel Obst und Gemüse, _____ das sehr gesund ist.

e) Das Auto fährt wieder gut, _____ es zur Reparatur war.

f) _____ der Film zu Ende war, schaltete er den Fernseher aus.

g) _____ die Sonne scheint, gehen sie nachmittags oft spazieren.

h) _____ seine Freunde zusammen ins Kino gehen, hockt er meist am Computer.

i) Sie kann zwar schon Auto fahren, _____ sie hat noch keinen Führerschein.

j) _____ er in Urlaub fährt, mäht er den Rasen ganz kurz.

k) Er raucht Zigaretten und Pfeife, _____ der Arzt es ihm verboten hat.

**2. Most conjunctions require that the conjugated verb be placed at the end of the clause. Complete these sentences, paying attention to the position of the verb.**

a) Sie putzt das Haus, (kommen / ihre Freunde / zu Besuch)

**bevor** *ihre Freunde zu Besuch kommen.* _____

b) Er kauft einen neuen Staubsauger, (funktionieren / der alte / nicht mehr)

**weil** _____

c) Sie geht heute Abend ins Konzert, (bekommen / sie / noch eine Karte)

**wenn** _____

d) Er möchte im Sommer ans Meer, (nicht vertragen / er / das Klima)

**aber** _____

e) Er kann schon lesen, (sein / er / erst vier Jahre alt)

**obwohl** _____

# Chapter 8

## Spiele
### *Games*

### 1. Have fun while you learn German!

Games are an effective learning aid. Children are the best proof of that: they learn quickly and easily. Enjoy yourself!

### 2. Word games consolidate vocabulary

You have to practice new words repeatedly before they become a firm part of your own vocabulary. Word games are an enjoyable way of practicing new terms. And if you're a great fan of puzzles, try putting together a crossword puzzle on your own, using the words from one of the lessons in this book. Words that you practice in such a way won't be so quickly forgotten!

### 3. Test your knowledge

In the second part of this chapter, you'll find a series of tests that you can use to gauge how much you've learned. Don't be discouraged if you haven't mastered everything yet. It's quite normal to have to go over words repeatedly before they are fixed in your memory.

# Wer sucht, der findet!

*He Who Seeks Will Find!*

The past participles of the verbs below are concealed in horizontal and vertical rows in this puzzle. Circle each participle. And have fun looking for them!

treffen    sterben    liegen    nehmen    bitten    lügen    bringen    denken

essen    verlieren    ~~gehen~~    greifen    verbrennen    finden    kennen    beginnen    tun

| G | G | E | G | A | N | G | E | N | U | Z | I | J |
|---|---|---|---|---|---|---|---|---|---|---|---|---|
| E | E | U | G | H | G | E | B | R | A | C | H | T |
| L | T | G | E | G | E | S | S | E | N | O | M | G |
| O | R | G | E | B | E | T | E | N | U | J | P | E |
| G | O | V | E | R | L | O | R | E | N | G | A | N |
| E | F | J | G | E | G | R | I | F | F | E | N | O |
| N | F | K | P | I | J | B | T | V | B | L | V | M |
| V | E | R | L | O | R | E | N | G | X | E | L | M |
| I | N | B | E | G | O | N | N | E | N | G | W | E |
| U | N | G | E | D | A | C | H | T | P | E | W | N |
| U | D | C | C | X | G | E | K | A | N | N | T | U |
| K | Y | V | E | R | B | R | A | N | N | T | E | O |
| G | E | F | U | N | D | E | N | P | R | A | C | H |

# Eine Wörterschlange bauen
*Making a Word Snake*

Complete the sentences below. Then, in consecutive order, enter the words you've supplied in the snake's segments. The last letter of each word will also be the first letter of the next word.

1. An Feiertagen kommen immer unsere beiden _**Söhne**_ mit Frau und Kind zu Besuch.

2. Der _____ zu meiner

Wohnung liegt versteckt

hinter dem Haus.

3. Die Häuser haben alle kleine _____,

die mit Büschen und Blumen bewachsen sind.

4. Die Verschmutzung von Wasser und Luft

sind nicht nur eine Gefahr für die Menschen,

sondern für die ganze _____ .

5. Er geht nie ohne _____ aus

dem Haus, auch wenn die Sonne scheint und es nicht

nach Regen aussieht.

6. Auf dem _____ kann man jede Woche zweimal

frisches Obst und Gemüse kaufen.

7. Er hat solche Angst vor dem _____,

dass er sich fünfmal täglich die Zähne putzt.

# 8.3 Kreuzworträtsel
## Crossword Puzzle

Find words that mean the opposite of the words listed below, and enter them into the crossword puzzle.

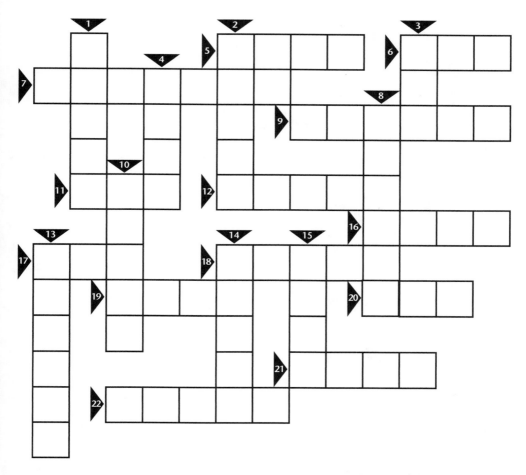

| | | | |
|---|---|---|---|
| 1. rund | 7. weiß | 13. Vater | 19. Anfang |
| 2. klein | 8. Süden | 14. kalt | 20. fern |
| 3. jung | 9. Sommer | 15. Wasser | 21. schlau |
| 4. eng | 10. oben | 16. dünn | 22. laut |
| 5. halb | 11. böse | 17. Angst | |
| 6. reich | 12. süß | 18. Himmel | |

*When capitalized, "ß" is written as "SS."

# 8.4 Magische Würfel

*Magic Cubes*

*a) Using these syllables, form ten words. The two possible endings are in shaded boxes.*

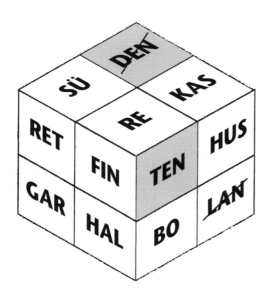

*landen*

_____

_____

_____

_____

_____

_____

_____

_____

_____

*b) Now, form ten verbs in the same way.*

_____

_____

_____

_____

_____

_____

_____

_____

_____

_____

# Test 1

With this test, you can check to see how many of the words and expressions in Chapters 1 and 2 you have retained.

**_Using the following words, fill in the blanks._**

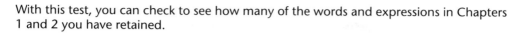

Flur   dunkel   Mantel   Spiegel   muhen   schwarzfahren   Heiligabend   ~~Nomen~~
manchmal   Krankenhaus   Herbst   Gewitter   Donnerstag   Überweisung

1. Präposition – Adjektiv – Verb – Konjunktion – _**Nomen**_ _____

2. Rathaus – Bahnhof – Schwimmbad – Schule – Finanzamt – _____

3. kurz – lang – neu – alt – früh – spät – laut – leise – hell – _____

4. ins Grüne fahren – ins Schwarze treffen – rot sehen – _____

5. Nikolaustag – Feiertage – Ostern – _____ – Silvester – Pfingsten

6. meistens – _____ – oft – nie – selten – regelmäßig – immer

7. Montag – übermorgen – Wochenende – _____ – gestern – Freitag

8. Sonne – regnen – Nebel – blitzen – _____ – Schnee – Wind – Kälte

9. Bargeld – Bankkonto – Münzen – Kreditkarte – _____ – Schalter

10. Arbeitszimmer – Toilette – Esszimmer – Küche – _____

11. Sofa – _____ – Bücherregal – Kleiderschrank – Stühle – Teppich

12. Anorak – Socken – Bluse – _____ – anziehen – zubinden – Schuhe

13. Hunde bellen – Hähne krähen – Pferde wiehern – Kühe _____

14. Januar – Winter – März – September – _____ – Dezember – Frühling

# Test 2

Take this test to see how many of the words and phrases from Chapter 3 you have mastered.

*In each row, there is one expression that does not belong. Draw a line through it.*

1. Großvater • Enkelin • Tante • Bruder • Neffe • Maurer

2. Wohngemeinschaft • Miete • Zimmer • Lebensmittelabteilung • Stadtviertel

3. Büro • Frisöse • Fabrik • Anrufbeantworter • Hausfrau • Restaurant • Verkäufer

4. selbstständig sein • halbtags arbeiten • Bohrmaschine kaufen • Menschen helfen

5. frühstücken • bremsen • einkaufen • Sport treiben • sich waschen

6. Süßigkeiten • Fleisch • Gemüse • Schwager • Milch • Fisch • Butter

7. Kännchen Kaffee • Dose Bier • Salatteller • Gemüseeintopf • Zuschlag

8. Backwaren • Schreibwarenabteilung • Drogerieabteilung • Elektroabteilung

9. Leiter • Hammer • Wandfarbe • Altbau • Schraubenschlüssel

10. Haltestelle • mit dem Bus • überholen • im Stau • kreativ sein • Taxi rufen

11. Einzelfahrschein • Zeitung • Flugticket • Fahrplanauskunft • Gleis

12. Finger • Stereoanlage • Waschmaschine • Staubsauger • Mixer

13. Hals • Bein • Bauch • Zähne • Frikadelle • Zehen • Brust • Schulter

# Test 3

With this test, you can check to see how many of the words and phrases from Chapter 4 you have retained.

*Choose the expression that best completes each of the numbered items below.*

1. Entschuldigung, _____ .

a) tut mir Leid                b) vielen Dank                c) gern geschehen

2. Wenn das Telefon kingelt, muss man _____.

a) die Vorwahl wählen          b) zurückrufen               c) den Hörer abnehmen

3. Zu jemandem, der Geburtstag hat, sagt man: _____!

a) Viel Spaß                   b) Gute Besserung            c) Herzlichen Glückwunsch

4. Zu Freunden, die man lange nicht gesehen hat, sagt man: _____?

a) Darf ich vorstellen         b) Hallo, wie geht´s         c) Darf ich bitten

5. Vor dem Verlassen eines Restaurants sagt man: Herr Ober, _____ .

a) gibt es einen freien Tisch   b) guten Appetit            c) die Rechnung bitte

6. Der Bahnhof liegt am Ende der Straße, man geht einfach immer _____.

a) um die Ecke                 b) geradeaus                 c) gleich nebenan

7. Der Arzt wird ihm ein Mittel gegen seinen Husten _____.

a) untersuchen                 b) besorgen                  c) verschreiben

8. Das Kleid gefällt mir sehr, aber ich glaube, es ist zu klein. Größe 40 _____.

a) passt besser                b) sitzt gut                 c) geht richtig

9. Mein Freund ist krank und kann leider nicht mitkommen. Das _____.

a) mag ich                     b) ist schade               c) finde ich gut

## Test 4

With this test, you can determine how much of Chapters 5 and 6 you have mastered.

***Complete the following words with the appropriate endings. Omit the portions in parentheses.***

1. traur**ig**___, herz_____, pausen_____, rand_____, fieber_____, ess_____

-lich • -voll • ~~-ig~~ • -los • -bar • -frei

2. Reinig_____, Erleb_____, Früh_____, Freund_____, Eigen_____

-schaft • -ung • -ling • -tum • -nis

3. Abend_____, Eingangs_____, Blumen_____, Reise_____

-tür • -strauß • -essen • -bus

4. _____buch, _____vogel, _____tisch, _____rad

fahr(en) • schreib(en) • sing(en) • lese(n)

5. _____ Lehrer, _____ Mäuschen, _____ Mannschaft, _____ Metzgerei

*der, die* oder *das*

6. ____prechen, ____lafen, Ki____te, Wa____becken, O____tern, Lu____t

„s" oder „sch"

7. Nä__e, flei__ig, mü__en, grü__en, Abschlu_____, bi__chen

„ss" oder „ß"

8. Rad _____, Schuld _____, Halt _____, Angst _____, Auto _____

fahren • haben • machen • haben • fahren

9. T__n – T__ne; h__ch – h__her; K__ss – k__ssen; ich tr__ge – du tr__gst

„o" oder „ö", „u" oder „ü", „a" oder „ä"

# Test 5

With this test, you can see how much of Chapter 7 you have retained.

## A. Right or wrong? Mark each correct plural form.

1. der Traum   a) die Träume ☐   2. die Wolke   a) die Wölke ☐
           b) die Traumen ☐              b) die Wolken ☐

3. das Kino   a) die Kino ☐   4. der Teller   a) die Tellers ☐
           b) die Kinos ☐              b) die Teller ☐

5. die Leistung   a) die Leistungen ☐   6. das Rad   a) die Räder ☐
             b) die Leistunger ☐              b) die Rade ☐

## B. Mark each correct verb prefix.

1. Nach einem kurzen Zwischenstopp ist er wieder _____ gefahren.

a) ver- ☐   b) weiter- ☐   c) vor- ☐

2. In der Schule hat er meist von seinen Nachbarn _____geschrieben.

a) unter- ☐   b) ein- ☐   c) ab- ☐

3. Unterbrich ihn nicht immer, lass ihn _____reden.

a) aus- ☐   b) ein- ☐   c) mit- ☐

## C. Mark each correct adjective form.

1. In der Freizeit trägt er immer Jeans und einen _____ Pullover.

a) blaues ☐   b) blauen ☐   c) blaue ☐

2. Ihre Lieblingsblumen sind _____ Rosen.

a) rote ☐   b) rotes ☐   c) roter ☐

3. _____ Wetter gibt es für ihn nicht, nur unpassende Kleidung.

a) schlecht ☐   b) schlechte ☐   c) schlechtes ☐

# Lösungen

*Answers*

**1.3**  1c  2e  3f  4d  5b  6a  7h  8i  9g

**1.4**  die Krankheit, erkranken, der Kranke, das Krankenhaus
das Fahrzeug, der Fahrer, fahrbar, erfahren,
die Liebschaft, das Liebespaar, sich verlieben, lieblos

**1.5**  1. Kleidung: Sessel  2. Hausarbeit: streichen  3. Musikinstrumente: Notenständer
4. Möbel: Haus  5. Verben der Bewegung: spielen

**1.6**  1. besuchen  2. Film anschauen  3. Theater  4. Finanzamt  5. Universität  6. einkaufen
7. Taxi

**1.7**  1c  2b  3c  4a  5b

**1.8**  1b  2a  3b  4a  5a  6a  7b

**1.9**  1. umg = umgangssprachlich; etw = etwas; Komp = Kompositum; adj = Adjektiv; itr =
intransitiv; K = Konstruktion; akk = Akkusativ; refl = reflexiv
2. etwas auf seine Kappe nehmen; total kaputt sein; jemand lacht sich kaputt

**1.10**  1. 2. weiß – schwarz  3. breit – schmal  4. flüssig – fest  5. hell – dunkel  6. gesund –
krank  7. früh – spät  8. stumpf – spitz  9. neu – alt  10. laut – leise  11. billig – teuer
12. weich – hart
2. b) kauft c) schließt d) nehmen e) Schweigen f) fragen g) erinnern h) gehen
3. b) Sieg c) Gewinn d) Kälte e) Anfang f) Ankunft g) Frage

**1.11**  2. b) ja c) nein d) ja e) nein f) ja g) ja
3. sitzen, aufwachen, stören, anziehen, fahren, Zeit haben, öffnen, klingeln, holen

**1.12**  1. a) stimmt (zumindest unter Erwachsenen) b) stimmt nicht – im Allgemeinen wird
Direktheit eher geschätzt c) stimmt d) stimmt e) stimmt nicht, man meldet sich mit
seinem Familiennamen (im Büro nennt man zuerst die Firma, dann den eigenen Na-
men) f) stimmt nicht, „Fräulein" wird nicht mehr benutzt g) stimmt h) stimmt nicht –
damit würde man genau das Gegenteil erreichen, ein Beamter darf keine Geschenke
annehmen i) stimmt
2. a, f, h

**2.1**  1. Zitrone – gelb (d), Rose – rot (a), Himmel – blau (b), Tanne – grün (c), Schnee –
weiß (g), Nacht – schwarz (f), Apelsine/Orange – orange (i), Maus – grau (h), Schokolade – braun (e), Schweinchen – rosa (j), Veilchen – violett (k)
2. a: blassrosa, zartlila, hellblau, tiefschwarz, mittelgrün
b: feuerrot, grasgrün, goldgelb, pechschwarz, schneeweiß
c: gelbgrün, graublau, schwarzbraun, gelbrot, grünblau
Bei Schwarz und Weiß gibt es keine Kombinationsmöglichkeit mit hell, mittel oder dunkel.

**2.2**  1b  2c  3a  4b  5c  6a  7b  8c  9b  10a

**2.3**  1. 0 = null; 4 = vier; 8 = acht; 9 = neun; 13 = dreizehn; 17 = siebzehn; 21 = einund-
zwanzig; 40 = vierzig; 60 = sechzig; 80 = achtzig; 100 = (ein)hundert; 101 = (ein)hun-
derteins; 1001 = (ein)tausendeins; 10.001 = zehntausendeins; 1 000 000 = eine Million
2. 146 = hundertsechsundvierzig; 389 = dreihundertneunundachtzig; 935 = neunhun-
dertfünfunddreißig; 2.573 = zweitausendfünfhundertdreiundsiebzig
3. 1998 als Telefonnummer: neunzehn achtundneunzig; als Jahreszahl: neunzehnhundertachtundneunzig; als Geldbetrag: eintausendneunhundertachtundneunzig

**2.4**  1. der Erste; das Dritte; das Sechste; der Siebte; der Zehnte; der Dreizehnte; die Sech-
zehnte; das Siebzehnte; die Einundzwanzigste; der Hundertste; die Tausendste
2. 1. Unter Familie Geiger wohnt Familie Stegner. – Das ist im zweiten Stock. 2. Über
Anna Goldmann wohnt Sabine Knapp. – Das ist im ersten Stock. 3. Rechts neben Fa-

milie Pandoni wohnt Herta Clemens. – Das ist im vierten Stock. 4. Zwischen Familie Geiger und Heike Wolff wohnt Anton Becker. – Das ist im dritten Stock. 5. Unter Max Häberle wohnt Tonio Neonardo. – Das ist im Erdgeschoss.

**2.5** 1. b) Heiligabend c) Valentinstag d) Tag der Arbeit e) Karfreitag
2. 1. Neujahr 2. Karneval 3. Ostern 4. Pfingsten 5. Silvester
3. a) Silvester b) Ostern c) Karneval d) Pfingsten

**2.6** 2. *Viertel vor sechs* / fünf Uhr fünfundvierzig / siebzehn Uhr fünfundvierzig 3. *fünf vor neun* / acht Uhr fünfundfünfzig / zwanzig Uhr fünfundfünfzig 4. *halb eins* / zwölf Uhr dreißig / null Uhr dreißig 5. *fünf nach halb zwölf* / elf Uhr fünfunddreißig / dreiundzwanzig Uhr fünfunddreißig 6. *fünf nach acht* / acht Uhr fünf / zwanzig Uhr fünf

**2.7** 1. 2. Das Jahr hat 12 Monate. 3. Der Monat hat 4 Wochen. 4. Die Woche hat 7 Tage. 5. Das Wochenende hat 2 Tage. 6. Der Tag hat 24 Stunden. 7. Die Stunde hat 60 Minuten. 8. Die Minute hat 60 Sekunden.
2. b) immer c) Manchmal – selten d) meistens e) Nie f) regelmäßig g) mehrmals
3. **Zuerst** hörte ich Schritte hinter mir, **dann** bemerkte ich auch noch einen Schatten. **Plötzlich** stand der Mann mit der Pistole vor mir. **Da** bekam ich Angst, schrie und schlug mit meiner Handtasche kräftig zu. **Daraufhin** stürzte er und schlug mit dem Kopf auf einen Stein. **Schließlich** lag mein Verfolger auf dem Boden und ich konnte in aller Ruhe die Polizei verständigen.

**2.8** 1. Di = Dienstag, Mi = Mittwoch, Do = Donnerstag, Fr = Freitag, Sa = Samstag, So = Sonntag
2. b) Dienstagvormittag war ich beim Zahnarzt. c) Heute nachmittag treffe ich Heinz im Café. d) Donnerstag bin ich zum Frühstück bei Tim. e) Am Freitag mache ich eine Radtour mit Werner. f) Am Samstag fliege ich für eine Woche nach Ibiza in Urlaub.
3. b) In Tokyo ist es 15.00 Uhr: am Nachmittag, nachmittags. c) In Karachi ist es 12.00 Uhr: am Mittag, mittags. d) In Alaska ist es 21.00 Uhr: am Abend, abends. e) In New York ist es 1.00 Uhr: in der Nacht, nachts.

**2.9** 1. Der Frühling bringt Blumen. Der Sommer bringt Klee. Der Herbst bringt die Trauben. Der Winter bringt Schnee.
2. 1. Januar 2. Februar 3. März 4. April 5. Mai 6. Juni 7. Juli 8. August 9. September 11. November 12. Dezember

**2.10** 1. 2a 3f 4h 5d 6b 7e 8g
2. a) stürmischer b) Höchsttemperaturen c) Schneefallgrenze d) trocken e) bewölkt, Regenschauer f) sommerliches, Temperaturen

**2.11** 1. b) unterschreiben c) Transmission d) Inhaber e) Telefonkarte f) Computer
2. 2d 3a 4b
4. b) Wir hätten gerne einen Kredit über 10.000 Euro. c) Mein Mann hat die Miete bereits am Monatsanfang überwiesen. d) Ich habe meine Kreditkarte verloren und möchte sie sperren lassen. e) Können Sie mir 500 Euro in Dollar wechseln?/ Können Sie mir 500 Dollar in Euro wechseln?

**2.12** 1. 1. das Dach 2. das Arbeitszimmer 3. das Badezimmer 4. das Schlafzimmer 5. der Flur 6. das Kinderzimmer 7. die Toilette 8. die Treppe 9. die Küche 10. das Wohnzimmer 11. die Garage 12. das Esszimmer 13. der Keller 14. der Garten
2. 1. Badewanne, Waschbecken, Spiegel 2. Kleiderschrank, Bett, Spiegel, Nachttischlampe 3. Sessel, Teppich, Sofa, Bücherregal 4. Küchenzeile, Herd, Spüle 5. Stühle, Tisch

**2.13** 1. der Turnschuh 2. der Anorak 3. der Rock 4. der Anzug 5. die Jeans 6. der Hut 7. die Unterhose 8. die Socken 9. der Schal 10. der BH 11. der Schuh 12. das T-Shirt 13. die Stiefel 14. die Hose 15. das Kleid 16. der Mantel 17. der Pullover 18. die Strumpfhose 19. das (Ober-) Hemd 20. die Kappe

**2.14** ... Grundschule ... Kindergarten ... Realschule ... Gesamtschulen ... Gymnasium ... „Abitur" ... Universität ... Ausbildung ... Berufe ... „dualen"

**2.15** 1. 1. das Kamel 2. das Krokodil 3. der Elefant 4. die Robbe 5. das Zebra 6. der Wolf 7. der Tiger 8. das Nashorn 9. der Eisbär 10. der Löwe 11. die Giraffe 12. der Affe
2. b) miauen c) muhen d) gackern e) krähen f) blöken
3. 2e 3d 4f 5c 6a

**3.1** 1. b) Sie wohnt in Konstanz. c) Sie ist Schweizerin. d) Kreuzlingen e) 34 Jahre f) Sie arbeitet bei einer Bank. g) Architekt h) In der Bank.
2. Name – Kreuzlingen – deutsch – Größe – grün – verheiratet

**3.2** a) groß – kurz – alt b) klein – dick – jung c) klein – dünne – hübsches – glatt

**3.3** 1. die Deutsche – französisch – Spanien – der Italiener – Griechenland – polnisch – die Russin – amerikanisch – britisch
3. 1. Englisch 2. Spanisch 3. Italienisch 4. Französisch 5 Portugiesisch
4. a) Afrika b) Amerika c) Asien d) Australien e) Europa

**3.4** 2. Hubert: 1a, 2b, 3c Anna: 1b, 2a, 3c Angelika: 1b, 2a Georg: 1a, 2c, 3b Katharina: 1c, 2b, 3a Andreas: 1a, 2b

**3.5** 1. b) Wohngemeinschaft c) Miete d) Hochhaus(es) e) Innenstadt f) Stadtviertel g) Altbau
2. Haus, Garten, Altstadt, Wohnheim, Stadt, Mietwohnung, Geschäftshaus, Souterrain, Villa, Zwei-Zimmer-Wohnung

**3.6** 1. 1. die Architektin 2. die Automechanikerin 3. der Verkäufer 4. der Programmierer 5. die Kellnerin 6. der Maurer
2. 1c 2a 3b 4e 5d
3. 1e 2h 3c 4d 5b 6g 7f 8a
4. Er würde/möchte gerne als Unternehmer arbeiten, weil er selbstständig sein möchte/will. Sie würde/möchte gerne als Grafiker arbeiten, weil sie kreativ sein möchte/will. Er würde/möchte gerne als Schauspieler arbeiten, weil er berühmt sein möchte/will. Sie würde/möchte gerne als Erzieherin arbeiten, weil sie mit Kindern arbeiten möchte/will. Er/sie würde/möchte gerne halbtags arbeiten, weil er/sie Zeit für die Familie haben möchte/will.

**3.7** a) frühstücken – ~~einen Mittagsschlaf halten~~ b) einen Mittagsschlaf halten – ~~ins Konzert gehen~~ c) ins Konzert gehen – ~~frühstücken~~

**3.8** 1. 1. die Backwaren: der Kuchen 2. die Fette: das Öl 3. der Fisch/die Meeresfrüchte 4. die Süßigkeiten: die Kekse 5. die Milchprodukte: der Käse 6. das Gemüse: die Karotten 7. das Fleisch/das Geflügel: das Hähnchen 8. das Obst: die Ananas
2. a) Pflaumen, Aprikosen, Kirschen, Äpfel, Kiwis, Bananen, Weintrauben, Pfirsiche, Melonen
b) Gemüse
c) die Pflaume, die Aprikose, die Paprika (Sg. und Pl. gleich), die Kirsche, die Tomate, der Apfel, die Aubergine, die Kiwi, die Banane, die Gurke, die Weintraube, das Radieschen (Sg. und Pl. gleich), der Rosenkohl (nur Singular), der Pfirsich, die Melone, der Salat, die Kartoffel, die Zwiebel
3. ( von oben nach unten gelesen:) Milch, Eier, Salz; Zucker, Reis, Essig; Pfeffer, Würstchen, Nudeln

**3.9** 1. (die)Gastwirtschaft / (das)Restaurant / (das)Café / (die)Kneipe /(der)Stehimbiss /(das) Gasthaus /(die)Autobahnraststätte /(der)Biergarten /(das)Lokal /(die)Kantine /(die)Cafeteria /(das)Feinschmeckerlokal /(die)Mensa /(die)Würstchenbude
2. *im Restaurant:* Wiener Schnitzel, Vanillepudding, Viertel Wein, Salatteller, Gemüseeintopf; *im Café:* Kännchen Kaffee, Sahnetorte, Käsekuchen, Glas Tee, Eisbecher; *im Stehimbiss:* Bratwurst mit Brötchen, Frikadelle mit Senf, Pommes frites mit Ketschup, Döner, Dose Bier
3. alkoholisch: Bier, Schnaps, Likör, Rotwein, Sekt
nichtalkoholisch: Limonade, Mineralwasser, Fruchtsaft, Spezi, Kakao

**3.10** **1.** Sport und Freizeit: der Fußball, das Zelt; Damen- und Herrenbekleidung: der Mantel, der Rock; Spielzeug und Kinderbekleidung: die Mütze, der Teddybär; Haushalts- und Elektroabteilung: der Mixer, die Tasse; Bücher- und Schreibwarenabteilung: das Wörterbuch, der Füllhalter; Parfümerie- und Drogerieabteilung: die Creme; Lebensmittelabteilung: das Weißbrot
**3. a)** die Bohrmaschine, der Schraubenschlüssel, die Nägel, die Säge, der Hammer, die Wandfarbe, die Tapete, die Leiter
**b)** die Bratpfanne, der Toaster, das Sieb, die Kochtöpfe, die Schüsseln, die Teller, die Tassen, das Besteck, die Lampen, der Abfalleimer
**c)** Heimwerkermarkt oder Baumarkt (a); Haushaltswarengeschäft oder Kaufhaus (b)
**4.** 1e 2c 3f 4a 5g 6d 7b

**3.11** **1. b)** Fahrrad, U-Bahn c) Bus d) Flugzeug e) Taxi f) Auto g) Bahn
**2.** 1e 2d 3a 4b 5c 6h 7i 8j 9f 10g

**3.12** **1.** 1. der Fahrplan 2. der Schalter 3. das Gleis 4. der Fahrkartenautomat 5. die Gepäckaufbewahrung 6. die Zugauskunft 7. das Schließfach 8. der Gepäckwagen
**2.** das Abteil, der Führerschein
**3.** *richtig:* a, c, d; *falsch:* b, e, f

**3.13** **1.** die Berge 2. der Wald 3. das Ufer 4. die Stadt 5. das Feld 6. der See 7. die Autobahn 8. Industriegebiet 9. das Dorf 10. das Tal 11. die Wiese 12. der Fluss 13. der Hafen 14. der Strand 15. das Meer

**3.14** **1.** Der Umwelt zuliebe ... *darf man nicht*: zu viel Waschmittel benutzen / Getränke in Dosen kaufen / im eigenen Garten Papier verbrennen / den Motor warmlaufen lassen / Batterien in den Hausmüll werfen; *muss/sollte man*: Müll trennen / öffentliche Verkehrsmittel benutzen / Altöl bei der Tankstelle abgeben
**2.** *Papier*: Zeitungen, Kataloge, Zeitschriften, Prospekte; *Kunststoff*: Joghurtbecher, Verpackungsfolie, Tragetaschen, Shampooflaschen; *Glas*: Flaschen; *Metall*: Konservendosen, Alufolien, Getränkedosen, Spraydosen; *Bioabfall*: Obstreste, Eierschalen, Gartenabfälle

**3.15** **1.** *Telefon*: die Telefonkarte, der Hörer, das Faxgerät, das Handy, der Anrufbantworter, die Telefonzelle; *Computer*: das Modem, der Drucker, die Diskette, das Internet, die Maus, der Bildschirm, das Programm, der Laptop
**2.** mit der Maus anklicken – mit dem Faxgerät faxen – den Hörer auflegen – den Brief einwerfen – im Internet surfen – den Anrufbeantworter abhören – die Diskette einlegen – die Datei speichern
**3.** *von oben nach unten*: der Stempel, die Briefmarke, der Absender, die Postleitzahl, per Luftpost, die Anschrift, das Nationalitätenzeichen

**3.16** **1.** 1i 2h 3f 4g 5a 6c 7e 8d 9b
**2.** 1. das Autoradio mit Kassettenteil 2. der Fotoapparat 3. der Kopfhörer 4. der Kassettenrekorder 5. der Discman 6. der Camcorder 7. das Handy 8. der Walkman 9. die Stereoanlage

**3.17** **1.** der Kopf 2. das Ohr 3. die Schulter 4. die Hand 5. der Finger 6. das Auge 7. die Nase 8. die Zähne 9. die Brust 10. der Nabel 11. der Fuß 12. der Mund 13. der Hals 14. der Bauch 15. das Knie 16. die Zehe 17. die Haare 18. der Arm 19. der Rücken 20. das Bein

**3.18** **1.** 1. Schlittschuh laufen 2. Rad fahren 3. schwimmen 4. surfen 5. reiten 6. wandern 7. Tennis spielen 9. tauchen

**3.19** **1.** Badehose, Sonnenhut, Buch, Taschenlampe, Medikamente, Briefpapier, Taucherbrille, Reisepass, Flossen, Krankenschein
**2.** 2. Auf einer Bildungsreise besucht man Museen und macht Stadtführungen. 3. Im Wanderurlaub bewegt man sich viel in der frischen Luft. 4. Im Abenteuerurlaub kann man zum Beispiel an einer Safari teilnehmen. 5. Auf einer Inter-Rail-Reise verbringt man

viel Zeit im Zug. 6. In den Sprachferien lernt man eine Sprache.

**4.1**  1. 1. Guten Morgen  2. Auf Wiedersehen  3. Guten Morgen  4. Guten Tag  5. Guten Abend  6. Gute Nacht

2. a, g, c, e, i, f, h, b, d

**4.2**  1. bitte / Leid / später / ausrichten  2. verbinden / Moment / Auskunft / zurückrufen / Vorwahl  3. bitte / da / Entschuldigung / verwählt / macht

**4.3**  1. 1. Sie  2. du  3. du  4. du  5. du  6. du  7. Sie  8. Sie

2. Lieber Max: du / euch / ihr / dir / euch / dir / dich / dein
Liebe Frau Boll: Ihre / Sie / Sie / Ihnen / Ihrem / Ihre / Ihren / Ihre

**4.4**  1. 1a 2f 3h 4b 5g 6d 7i 8c 9e

2. A) „Ihr Haus gefällt mir sehr gut."  B) „Das Essen schmeckt ausgezeichnet."  C) „Vielen Dank für die Einladung. Ich komme/wir kommen gern."  D) „Vielen Dank für die Einladung. Es war sehr schön bei Ihnen/bei euch."  E) „Bitte, gern geschehen!"  F) „Das war sehr nett von Ihnen."

**4.5**  1. a) höflich  b) höflich  c) unhöflich  d) unhöflich  e) höflich  f) unhöflich  g) höflich  h) höflich  i) unhöflich  j) höflich

2. *Zustimmung*: 3, 4, 6; *Ablehnung*: 1, 2, 5, 7

**4.6**  1b 2f 3a 4c 5h 6e 7d 8g

**4.7**  1. zwei Personen – bringen – empfehlen – Spezialität – mit Reis – trinken – ein Viertel Wein – geschmeckt – ausgezeichnet – Leid – Rechnung

2. b) richtig  c) richtig  d) falsch  e) falsch

**4.8**  2. gradeaus  3. an der Kreuzung vorne links  4. über die Brücke  5. links – neben  6. an der Ecke rechts  7. hinter

**4.9**  1. Kilo / Gramm / Kopf / Liter / Stück

2. Und was stellen Sie sich vor? / Das ist egal, nur soll er zu vielem passen. / Welche Größe tragen Sie? / Ja, der ist nicht schlecht. / Dann probieren Sie den Mantel doch einmal an. / Oh ja, der ist besser und ganz mein Stil. / Das finde ich auch, ich glaube, den nehme ich.

**4.10**  1. *Reisender:* Guten Tag, ich möchte morgen nach München fahren. Wie fahre ich am besten? / *Beamter:* Um wie viel Uhr möchten Sie denn ankommen? / *Reisender:* Mittags. / *Beamter:* Dann fahren Sie mit dem Intercity um 7.43 Uhr, Ankunft 11.59. / *Reisender:* Fährt der Zug durch oder muss ich umsteigen? / *Beamter:* Sie steigen in Stuttgart um. / *Reisender:* Vielen Dank.

2. 1b 2g 3a 4f 5c 6e 7d 8h

**4.11**  1. *Patient:* Guten Tag! / *Arzt:* GutenTag! Was fehlt Ihnen? / *Patient:* Ich habe seit zwei Wochen Bauchweh und Durchfall. / *Arzt:* Sie haben einen Magen-Darm-Virus und sollten sich schonen. Ich verschreibe Ihnen ein Medikament. Hier ist Ihr Rezept. Kommen Sie bitte in acht Tagen wieder vorbei.

2. *Arzt:* a, c, f, g, h, j, l, m; *Patient:* b, d, e, i, k, n, o, p

**4.12**  A = Begeisterung: 4, 12, 15; B = Gleichgültigkeit: 8,10, 17; C = Überraschung: 1, 6, 11; D = Wut: 5, 9 , 13; E = Ablehnung: 2, 14, 18; F = Trauer: 3, 7, 16

**5.1**  1. 1. die Landkarte  2. das Abendessen  3. die Parkbank  4. das Hotelzimmer  5. die Reisetasche  6. der Apfelbaum  7. der Zahnarzt

2. 1. der Taschendieb  2. der Liebesfilm  3. die Tageskarte  4. die Hundehütte  5. der Erdball

**5.2**  1. 1 = a, 2 = c, 3 = b, 4 = b, 5 = a, 6 = c

2. b) essen  c) lernen  d) lesen  e) gehen  f) putzen

**5.3**  1. 2. die Haltung  3. die Reservierung  4. die Vorbereitung  5. die Lieferung  6. die Übersetzung  7. die Planung

2. a) Laufen  b) Rauchen  c) Malen  d) Zuhören  e) Trinken

**5.4**  1e 2h 3f 4a 5g 6c 7b 8d

**5.5** **1.** die Freiheit – das Eigentum – der Feigling – das Erlebnis – die Realität – die Freundlichkeit – die Forderung – die Herrschaft – der Fehler – das Häuschen – die Bäckerei – das Dokument – die Ärztin – der Teppich – der Honig – der Motor – die Information

**2.** 2. Schneckchen / Schnecklein   3. Häschen / Häslein   4. Spätzchen / Spätzlein 5. Schätzchen / Schätzlein   6. Püppchen / Püpplein   7. Kätzchen / Kätzlein   8. Bärchen / Bärlein

**5.6** **1.** 2e 3j 4i 5c 6b 7d 8g 9f 10h

**2.** b) Ein Vakuum ... luftleer / Es ist heiß ... luftig  c) Im Kinderzimmer ... farbenfroh / Sein Vortrag ... farblos  d) Der Unfall ... furchtbar / Er ist sehr furchtsam ...

**6.1** **1.** 1. die Väter 2. die Schäden 3. die Bäume 4. die Wagen 5. die Töchter 6. die Flüsse 7. die Mütter 8. die Söhne 9. die Mäuse 10. die Böden

**2.** 1. stark – stärker – am stärksten 2. groß – größer – am größten 3. dumm – dümmer – am dümmsten

**3.** 1. du trägst, er/sie/es trägt 2. du läufst, er/sie/es läuft 3. du stößt, er/sie/es stößt 4. du hältst, er/sie/es hält

**4.** der Kuss – küssen, träumen – der Traum, der Tod – tödlich, der Tag – täglich

**6.2** **2.** Er spricht und schreibt Spanisch und Italienisch, aber am besten kann er Englisch. 3. Sport, Geschichte und Kunst machen mir in der Schule am meisten Spaß. 4. Stehen die Kisten mit den Schlössern im zweiten Stock? 5. Mit Stift, Schere, Klebstoff und Papier bastelt sie die Schlangen. 6. Gestern waren wir im Kino und anschließend auf dem Straßenfest tanzen.

**6.3** **1.** langer Vokal = ß: der Gruß, die Straße, groß, schließen, heißen, beißen; kurzer Vokal = ss: der Kuss, müssen, die Nuss, der Fluss, das Erdgeschoss, bisschen

**2.** der Bass – das Fass; bloß – der Schoß; das Schloss – das Ross; blass – nass; der Kuss – der Schluss; dreißig – fleißig; grüßen – büßen; die Straße – die Maße; der Gruß – der Ruß; der Riss – der Biss; der Sessel – der Kessel; passen – lassen

**6.4** *Aussprache „k"*: Wachs, Lachs; *Ach-Laut*: aufwachen, Achtung, Tuch, Bach, lachen, Bauch; *Ich-Laut*: Becher, Licht, Tücher, China, lächeln, Kindchen

**6.5** **1.** 2. die Endstation 4. der Tag 7. der Rand 8. der Reiskuchen 10. das Haus 11. lieblich 12. wegfahren

**2.** 1. Kriege 2. rauben 3. graben 4. üben 5. leiden 6. tragen 7. gesünder 8. der Taube 9. geben 10. überzeugen

**6.6** **1.** ... herzlichen ... die pünktliche ... der ... Im ... alle ... Dieses ... an zwei ... der ... ein ... einen ... die defekten ... Die ... nach ... dieser ... Vielen ... im ... Mit freundlichen

**2.** b) Eis essen c) Halt machen d) Schuld haben e) Rad fahren f) Recht haben g) Angst haben

**6.7**

**7.1**  1. ... stand ... auf ... lief ... ging ... stand ... las ... nahm ... fuhr ... blieb ... wusste ... konnte
2. 2. ist gelaufen  3. hat geübt  4. bin geblieben  5. hat gesagt  6. hat gefunden  7. ist aufgewacht

**7.2**  1. b) Viele Menschen fahren im Urlaub weg.  c) Der Zug kommt um 7.31 in Frankfurt an. Er fährt 5 Minuten später weiter.  d) Er läuft zurück, weil er seinen Schirm vergessen hat.  e) Alle steigen an der letzten Haltestelle aus.  f) Sie liest den Kindern abends immer etwas vor.
2. b) ausgewählt  c) mitgebracht  d) angesehen  e) aufgelöst  f) verloren  g) widersprochen

**7.3**  1. 1. kann  2. will  3. soll  4. mag/möchte  5. muss  6. darf
2. b) Sie kann gut Gitarre spielen.  c) Er will nicht zur Schule gehen.  d) Sie möchte morgen ins Kino gehen.  e) Kinder dürfen keinen Alkohol kaufen.

**7.4**  1. *Richtig: 2, 4, 6, 8*
2. ... den kurzen blauen Minirock ... der blaue Rock ... das gelbe Kleid ... den grauen Blazer ... die schwarzen Schuhe ... den hellgrauen Hut ... die schokoladenbraune Hose ... das weiße T-Shirt
3. französisches Brot, belgische Schokolade, neue Kartoffeln, holländischer Käse, ungarische Salami, griechisches Olivenöl
4. a) ... jung gebliebene ... gebildeten ... gleichen ... dauerhafte ... gemeinte; b) ... phantasievoll ... gut gelaunt ... fröhliche ... laut; c) ... schweren ... alt ... interessiert ... aufgeschlossen ... tolerant ... berufstätig ... arbeitslos; d) ... reich ... unabhängig ... selbstständige ... abenteuerlustige... einjährige

**7.5**  1. b) Ein Adler fliegt schneller als ein Papagei.  c) Ein Känguru springt höher als eine Antilope.  d) Ein Eisbär ist langsamer als eine Robbe.  e) Eine Hyäne ist kleiner als ein Wolf.  f) Ein Bär lebt kürzer als ein Kamel.
2. ... am schönsten ... besser ... am stärksten ... höher ... am nächsten ... mehr

**7.6**  1. b) neben  c) unter  d) über  e) an – zwischen  f) vor  g) im  h) hinter
2. b) auf das Regal/aus dem Regal  c) an die Wand/von der Wand  d) unter das Bett/unter dem Bett  e) in die Schublade/aus der Schublade

**7.7**  1. a)Wie lange  b) Welche  c) Wie oft  d) Wann  e) Wie viel  f) Womit  g) Warum  h) Was i) Wie  j) Wer

**7.8**  1. a) nicht – nicht– nie(mals) – keinen; b) kein – nie(mals) – nicht; niemand

**7.9**  1. A. die Stückchen, Leben, Übel, Messer, Tropfen, Zettel, Lehrer  B. E-Mails, Taxis C. Farben  D. Gärtnereien, Einheiten, Ewigkeiten, Liebschaften, Reaktionen, Übungen E. Wörter, Bilder  F. Bäume, Städte

**7.10**  1. a) und  b) oder  c) denn  d) weil  e) nachdem  f) als  g) wenn  h) während  i) aber j) bevor  k) obwohl
2. b) ..., weil der alte nicht mehr funktioniert.  c) ..., wenn sie noch eine Karte bekommt. d) ..., aber er verträgt das Klima nicht.  e) ..., obwohl er erst vier Jahre alt ist.

**8.1**  *waagerecht von oben nach unten:* gegangen (gehen), gebracht (bringen), gegessen (essen), gebeten (bitten), verloren (verlieren), gegriffen (greifen), verloren (verlieren), begonnen (beginnen), gedacht (denken), gekannt (kennen), verbrannt (brennen), gefunden (finden)
*senkrecht von links nach rechts:* gelogen (lügen), getroffen (treffen), gestorben (sterben), getan (tun), gelegen (liegen), genommen (nehmen)

**8.2**  SÖHNEINGANGÄRTENATUREGENSCHIRMARKTPLATZAHNARZT

**8.3**

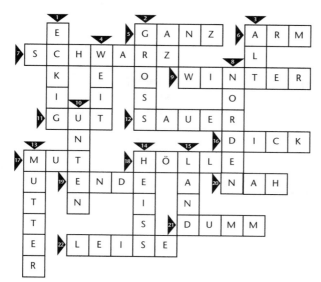

**8.4**  a) landen – Süden – finden – Boden – reden – Kasten – retten – halten – Garten – Husten
b) traurig – mutig – lustig – sonnig – König – herrlich – täglich – möglich – ehrlich – höflich

**Test 1**  1. Nomen  3. dunkel  4. schwarzfahren  5. Heiligabend  6. manchmal  7. Donnerstag  8. Gewitter  9. Überweisung  10. Flur  11. Spiegel  12. Mantel  13. muhen  14. Herbst

**Test 2**  1. Maurer  2. Lebensmittelabteilung  3. Anrufbeantworter  4. Bohrmaschine kaufen  5. bremsen  6. Schwager  7. Zuschlag  8. Backwaren  9. Altbau  10. kreativ sein  11. Zeitung  12. Finger  13. Frikadelle

**Test 3**  1a 2c 3c 4b 5c 6b 7c 8a 9b

**Test 4**  1. traurig, herzlich, pausenlos, randvoll, fieberfrei, essbar  2. Reinigung, Erlebnis, Frühling, Freundschaft, Eigentum  3. Abendessen, Eingangstür, Blumenstrauß, Reisebus  4. Lesebuch, Singvogel, Schreibtisch, Fahrrad  5. der Lehrer, das Mäuschen, die Mannschaft, die Metzgerei  6. sprechen, schlafen, Kiste, Waschbecken, Ostern, Lust  7. Nässe, fleißig, müssen, grüßen, Abschluss, bisschen  8. Rad fahren, Schuld haben, Halt machen, Angst haben, Auto fahren  9. Ton – Töne; hoch – höher; Kuss – küssen; ich trage – du trägst

**Test 5**  A. 1a 2b 3b 4b 5a 6a;  B. 1b 2c 3a;  C. 1b 2a 3c

# Glossar
## Glossary

The glossary contains words from Chapters 1 through 7. Verbs with irregular stem forms are indicated with an asterisk (*). The plural is given following the singular of each noun. If the plural and singular are identical, a hyphen (-) follows the noun. Irregular plural forms, such as those that add an umlaut, are given in their entirety. For reasons of space, the first part of long words has been replaced with a tilde (~). The tilde (~) also is used to replace preceding words in turns of phrase.

Abbreviations used:

| | |
|---|---|
| etw = etwas | Akk = Akkuksativ |
| jn = jemanden | Dat = Dativ |
| jm = jemandem | s.o. = someone |

s.th. = something

## A

| | | | |
|---|---|---|---|
| der | Abend, am ~ | 2.8 | evening, in the ~ |
| | Guten Abend! | 4.1 | Good evening! |
| | abends | 2.8 | in the evening |
| das | Abenteuer | 3.19 | adventure |
| die | Abfahrt | 3.12 | departure |
| der | Abfalleimer, - | 3.10 | trash can |
| der | Abflug | 3.12 | takeoff |
| | abheben*, Geld ~ | 2.11 | to withdraw, ~ money |
| | abhören, den Anrufbeantworter ~ | 3.15 | to play back, ~ the answering machine |
| das | Abitur | 2.14 | school-leaving examination |
| die | Ablehnung, -en | 4.5 | disapproval |
| | abschicken | 7.2 | to mail |
| der | Abschied, -e | 4.4 | parting |
| der | Absender, - | 3.15 | sender |
| das | Abteil, -e | 3.12 | compartment |
| die | Abteilung, -en | 3.10 | department |
| die | Adresse, -n | 3.15 | address |
| der | Affe, -n | 2.15 | ape |
| | Afrika | 3.3 | Africa |
| der | Alkohol, -e | 3.9 | alcohol |
| | alkoholisch | 3.9 | alcoholic |
| | Alles Gute! | 4.4 | All the best! |
| | als | 7.10 | when, as |
| | alt | 3.2 | old |
| der | Altbau, ~bauten | 3.5 | old building (before 1948) |
| das | Altöl, -e | 3.14 | used oil |
| die | Alufolie, -n | 3.14 | aluminum foil |
| | Amerika | 3.3 | America |
| der | Amerikaner, - | 3.3 | American |
| die | Amerikanerin, -nen | 3.3 | American |
| | amerikanisch | 3.3 | American |
| | an + Dat/Akk | 7.6 | at, in, to |
| die | Ananas, - | 3.8 | pineapple |
| die | Angestellte, -n | 3.6 | employee |
| die | Angst, Ängste; | 6.6 | fear; to be afraid |
| | ~haben | | |
| | anklicken, mit der Maus ~ | 3.15 | to click on, ~ with the mouse |
| | ankommen* | 7.2 | to arrive |
| die | Ankunft | 3.12 | arrival |
| der | Anorak, -s | 2.13 | parka |
| | anprobieren | 4.9 | to try on |
| der | Anrufbeantworter, - | 3.15 | answering machine |
| | jn anrufen* | 3.7 | to call s.o. |
| die | Anschrift, -en | 3.1 | address |
| | ansehen* | 7.2 | to look at |
| der | Anzug, Anzüge | 2.13 | suit |
| der | Apfel, Äpfel | 3.8 | apple |
| der | Apfelsaft, ~säfte | 4.7 | apple juice |
| die | Apfelsine, -n | 3.8 | orange |
| die | Apotheke, -n | 3.10 | pharmacy |
| | Guten Appetit! | 4.4 | Bon appétit! |
| die | Aprikose, -n | 3.8 | apricot |
| der | April | 2.9 | April |
| die | Arbeit, -en | 3.7 | work |
| | arbeiten | 3.1 | to work |
| der | Arbeiter, - | 3.6 | worker |
| das | Arbeitszimmer, - | 2.12 | study |
| der | Arbeitskollege, -n | 4.3 | coworker |
| die | Architektin, -nen | 3.6 | architect |
| der | Arm, -e | 3.17 | arm |
| die | Art, -en | 3.19 | type |
| der | Arzt, Ärzte | 3.6 | physician |
| die | Aubergine, -n | 3.8 | eggplant |
| | auf + Dat/Akk | 7.6 | on, at, to |
| | Auf Wiedersehen! | 4.1 | Good-bye! |
| | jn. aufhalten* | 4.5 | to delay s.o. |
| | auflegen, den Hörer ~ | 3.15 | to hang up, ~ the receiver |
| | auflösen | 7.2 | to dissolve |
| | aufstehen* | 3.7 | to get up |
| | aufwachen | 7.1 | to wake up |
| das | Auge, -n | 3.17 | eye |
| die | Augenfarbe, -n | 3.1 | eye color |
| der | August | 2.9 | August |

| | German | Ref | English |
|---|---|---|---|
| die | Ausbildung, -en | 2.14 | occupational training |
| | ausdrücken | 4.12 | to express |
| | ausführen, den Hund ~ | 3.7 | to take out, ~ the dog (for a walk) |
| | ausfüllen | 7.2 | to fill out |
| | ausgezeichnet | 4.7 | excellent |
| die | Auskunft, Auskünfte | 4.2 | information |
| | etw ausrichten | 4.2 | to pass on s.th. |
| | gut aussehen | 3.2 | to look good |
| | außerdem | 4.9 | besides |
| die | Äußerung, -en | 4.5 | expression |
| | Australien | 3.3 | Australia |
| | auswählen | 7.2 | to choose |
| | auszahlen | 2.11 | to pay out |
| | ausziehen*, sich ~ | 3.7 | to undress; to get undressed |
| der | Auszugsdrucker, - | 2.11 | statement printer |
| das | Auto, -s | 3.11 | car |
| die | Autobahn, -en | 3.13 | superhighway |
| die | Automechanikerin, -nen | 3.6 | car mechanic |
| das | Autoradio, -s | 3.16 | car radio |

**B**

| | German | Ref | English |
|---|---|---|---|
| die | Bäckerei, -en | 3.10 | bakery |
| die | Backwaren | 3.8 | baked goods |
| die | Badehose, -n | 3.19 | swim trunks |
| | baden | 3.19 | to bathe |
| die | Badewanne, -n | 2.12 | bathtub |
| das | Badezimmer, - | 2.12 | bathroom |
| die | Bahn | 3.11 | train |
| der | Bahnhof, ~höfe | 3.12 | train station |
| die | Banane, -n | 3.8 | banana |
| der | Bankangestellte, -n | 2.11 | bank employee |
| das | Bargeld | 2.11 | cash |
| der | Bart, Bärte | 3.2 | beard |
| | basteln | 3.18 | to do handicrafts |
| die | Batterie, -n | 3.14 | battery |
| der | Bauch, Bäuche | 3.17 | abdomen |
| das | Bauchweh | 4.11 | stomachache |
| der | Baum, Bäume | 5.1 | tree |
| | sich beeilen | 4.6 | to hurry |
| | sich befreunden | 1.4 | to make friends |
| die | Begeisterung | 4.12 | enthusiasm |
| die | Begrüßung, -en | 4.1 | greeting |
| das | Bein, -e | 3.17 | leg |
| die/der | Bekannte, -n | 4.3 | acquaintance |
| die | Bekleidung, -en | 3.10 | clothing |
| | bellen | 2.15 | to bark |
| | benutzen | 3.14 | to use |
| der | Berg, -e | 3.13 | mountain |
| der | Beruf, -e | 2.14 | occupation |
| | berufstätig sein | 3.7 | to be employed |
| | berühmt | 3.6 | famous |
| | beschreiben, den Weg ~ | 3.2 | to describe; to tell the way |
| die | Besichtigung, -en | 4.4 | inspection |
| | besorgen | 3.10 | to get |

| | German | Ref | English |
|---|---|---|---|
| | besser | 7.5 | better |
| | Gute Besserung! | 4.4 | Get well soon! |
| das | Besteck, -e | 3.10 | cutlery |
| der | Besuch, -e | 4.4 | visit |
| | besuchen | 3.19 | to visit |
| das | Bett, -en | 2.12 | bed |
| | bevor | 7.10 | before |
| | bewegen, sich ~ | 3.19 | to move |
| | bewohnen | 3.5 | to live in |
| | bewölkt | 2.10 | cloudy |
| der | BH, -s (Büstenhalter, -) | 2.13 | bra(ssiere) |
| das | Bier, -e | 3.7 | beer |
| die | Bildungsreise, -n | 3.19 | educational journey |
| | billig | 2.11 | cheap |
| der | Bioabfall | 3.14 | biodegradable waste |
| die | Birne, -n | 3.8 | pear |
| | bitten* | 4.6 | to request |
| | blass | 2.1 | pale |
| | blau | 2.1 | blue |
| | bleiben* | 7.1 | to stay |
| | blitzen | 2.10 | to flash (lightning) |
| | blöken | 2.15 | to bleat |
| der | Blutdruck | 4.11 | blood pressure |
| die | Bohrmaschine, -n | 3.10 | drill |
| das | Bonbon, -s | 3.8 | candy |
| der | Braten, - | 4.7 | roast |
| die | Bratpfanne, -n | 3.10 | roasting pan |
| die | Bratwurst, ~würste | 3.9 | grilled sausage |
| | braun | 2.1 | brown |
| die | Bremse, -n | 3.11 | brake |
| der | Brief, -e | 3.7 | letter |
| die | Briefmarke, -n | 3.15 | stamp |
| das | Briefpapier | 3.19 | stationery |
| | bringen* | 4.7 | to bring |
| der | Brite, -n | 3.3 | Briton |
| die | Britin, -nen | 3.3 | British woman |
| | britisch | 3.3 | British |
| das | Brot, -e | 3.8 | bread |
| das | Brötchen, - | 3.8 | roll |
| die | Brücke, -n | 4.8 | bridge |
| der | Bruder, Brüder | 3.4 | brother |
| die | Brust, Brüste | 3.17 | breast |
| das | Buch, Bücher | 3.7 | book |
| das | Bücherregal, -e | 2.12 | bookshelf |
| die | Buchhandlung, -en | 3.10 | bookstore |
| das | Büro, -s | 3.6 | office |
| der | Bus, -se | 3.11 | bus |
| die | Butter | 3.8 | butter |

**C**

| | German | Ref | English |
|---|---|---|---|
| das | Café, -s | 3.9 | café |
| der | Camcorder, - | 3.16 | camcorder |
| der | CD-Spieler, - | 3.16 | CD player |
| | China | 3.3 | China |
| der | Computer, - | 3.15 | computer |
| der | Cousin, -s | 3.4 | cousin |

**D**

| | | | |
|---|---|---|---|
| das | Dach, Dächer | 2.12 | roof |
| die | Dame, -n | 3.10 | lady |
| der | Dank | 4.4 | thanks |
| | dann | 2.7 | then |
| die | Datei, -en | 3.15 | database |
| | deutsch | 3.3 | German |
| der/die | Deutsche, -n | 3.3 | German |
| | Deutschland | 3.3 | Germany |
| der | Dezember | 2.9 | December |
| | dick | 3.2 | fat |
| der | Dienstag | 2.8 | Tuesday |
| die | Diskette, -n | 3.15 | diskette |
| der | Döner, - | 3.9 | spit-roasted meat |
| | donnern | 2.10 | to thunder |
| der | Donnerstag | 2.8 | Thursday |
| das | Doppelzimmer | 4.7 | double room |
| das | Dorf, Dörfer | 3.13 | village |
| die | Dose (Bier) | 3.9 | can (beer) |
| die | Drogerie | 3.10 | drugstore |
| der | Drucker, - | 3.15 | printer |
| | dual | 2.14 | dual |
| | dunkel | 2.1 | dark |
| | dünn | 3.2 | thin |
| | durchfahren | 4.10 | to go through without stopping |
| der | Durchfall | 4.11 | diarrhea |
| | dürfen* | 7.3 | to be allowed |
| | duschen | 3.7 | to shower |

**E**

| | | | |
|---|---|---|---|
| die | Ecke | 4.8 | corner |
| | egal sein | 4.12 | to be all the same |
| die | Ehefrau, -en | 3.4 | wife |
| der | Ehemann, ~männer | 3.4 | husband |
| das | Ei, -er | 3.8 | egg |
| die | Eierschale, -n | 3.14 | eggshell |
| die | Eilpost, per ~ | 7.2 | express mail, by ~ |
| | einfach | 4.10 | one-way |
| der | Eingang, Eingänge | 4.8 | entrance |
| | einkaufen | 3.7 | to purchase |
| | einladen* | 4.4 | to invite |
| die | Einladung, -en | 4.4 | invitation |
| | einlegen, Disketten ~ | 3.15 | to load, ~ diskettes |
| | einpacken | 3.19 | to pack (up) |
| | einsteigen* | 3.11 | to board |
| | einwerfen, einen Brief ~ | 3.15 | to mail, ~ a letter |
| der | Einzelfahrschein, -e | 3.12 | single ticket |
| das | Einzelzimmer, - | 4.7 | single room |
| der | Eisbär, -en | 2.15 | polar bear |
| der | Eisbecher, - | 3.9 | sundae |
| der | Elefant, -en | 2.15 | elephant |
| | empfehlen* | 4.7 | to recommend |
| | englisch | 3.3 | English |
| die | Enkelin, -nen | 3.4 | granddaughter |
| die | Erbse, -n | 3.8 | pea |
| die | Erdbeere, -n | 3.8 | strawberry |
| das | Erdgeschoss | 2.4 | ground floor |

| | | | |
|---|---|---|---|
| der | Erfolg, -e; Viel Erfolg! | 4.4 | success; Every success! |
| die | Erkältung, -en | 4.11 | common cold |
| | erstaunt sein | 4.12 | to be amazed |
| der | Erwachsene, -n | 4.3 | adult |
| die | Erzieherin, -nen | 3.6 | educator |
| | essen* | 3.9 | to eat |
| das | Essen, - | 3.9 | meal |
| der | Essig, -e | 3.8 | vinegar |
| das | Esszimmer, - | 2.12 | dining room |
| die | Etagendusche | 4.7 | shared shower |
| | Europa | 3.3 | Europe |
| der | Euroscheck, -s | 2.11 | Eurocheque |
| das | Examen, - | 4.4 | exam |

**F**

| | | | |
|---|---|---|---|
| die | Fabrik, -en | 3.6 | factory |
| | fahren* | 3.19 | to go, drive |
| der | Fahrer, - | 1.4 | driver |
| die | Fahrkarte, -n | 3.11 | ticket |
| der | Fahrkartenautomat, -en | 3.12 | automatic ticket machine |
| der | Fahrplan, ~pläne | 3.12 | schedule |
| das | Fahrrad, Fahrräder | 3.11 | bicycle |
| die | Fahrt, -en; einfache ~ | 4.10 | trip; one-way ticket |
| das | Fahrzeug, -e | 1.4 | vehicle |
| die | Familie, -n | 3.4 | family |
| der | Familienstand | 3.1 | marital status |
| die | Fantasie, -n | 4.5 | imagination |
| | faulenzen | 3.18 | to be lazy |
| | faxen | 3.15 | to fax |
| das | Faxgerät, -e | 3.15 | fax machine |
| der | Februar | 2.9 | February |
| der | Feiertag, -e | 2.5 | holiday |
| das | Feld, -er | 3.13 | field |
| der | Fensterplatz, ~plätze | 4.10 | window seat |
| die | Ferien | 3.19 | vacation |
| das | Fernsehen | 3.16 | television |
| das | Fest, -e | 2.5 | festive occasion |
| | fest halten*, sich ~ | 3.11 | to hold fast; to hold on |
| das | Fett, -e | 3.8 | fat |
| das | Fieber | 4.11 | fever |
| der | Film, -e | 3.16 | film |
| | finden* | 7.1 | to find |
| | etw gut finden* | 4.12 | to like s.th. |
| | jn nett finden* | 4.6 | to like s.o. |
| | etw unerhört finden* | 4.12 | to think s.th. is outrageous |
| der | Finger, - | 3.17 | finger |
| der | Fisch, -e | 3.8 | fish |
| die | Flasche, -n | 3.14 | bottle |
| das | Fleisch | 3.8 | meat |
| die | Fleischerei, -en | 3.10 | butcher's shop |
| | fliegen* | 7.1 | to fly |
| die | Flosse, -n | 3.19 | fin |
| die | Fluggesellschaft, -en | 3.12 | airline |
| der | Flughafen, ~häfen | 3.12 | airport |
| das | Flugticket, -s | 3.12 | passenger ticket |

| | German | Ref | English |
|---|---|---|---|
| das | Flugzeug, -e | 3.11 | airplane |
| der | Flur, -e | 2.12 | hall |
| der | Fluss, Flüsse | 3.13 | river |
| der | Föhn, -e | 3.16 | electric haidryer |
| der | Fotoapparat, -e | 3.16 | camera |
| | fotografieren | 3.18 | to photograph |
| die | Fotografin, -nen | 3.6 | photographer |
| | Frankreich | 3.3 | France |
| der | Franzose, -n | 3.3 | Frenchman |
| die | Französin, -nen | 3.3 | Frenchwoman |
| | französisch | 3.3 | French |
| die | Frau, -en | 3.2 | woman |
| | frei sein | 4.7 | to be free |
| der | Freitag | 2.8 | Friday |
| die | Freizeit | 3.10 | leisure time |
| der | Freund, -e | 4.3 | friend |
| | freundlich | 3.2 | friendly |
| die | Freundschaft, -en | 1.4 | friendship |
| die | Frikadelle, -n | 3.9 | meatball |
| | frisch | 3.19 | fresh |
| die | Frisöse, -n | 3.6 | hairdresser |
| | Frohes Fest! | 4.4 | Happy holiday! |
| der | Fruchtsaft, ~säfte | 3.9 | fruit juice |
| der | Frühling, im ~ | 2.9 | spring, in the ~ |
| | frühstücken | 3.7 | to eat breakfast |
| der | Führerschein, -e | 3.12 | driver's license |
| der | Fuß, Füße | 3.17 | foot |
| der | Fußball, ~ spielen | 3.18 | soccer, to play ~ |

**G**

| | German | Ref | English |
|---|---|---|---|
| | gackern | 2.15 | to cackle |
| die | Garage, -n | 3.12 | garage |
| der | Garten, Gärten | 2.12 | garden |
| der | Gartenabfall, ~fälle | 3.14 | yard refuse |
| die | Gärtnerin, -nen | 3.6 | gardener |
| der | Gast, Gäste | 4.7 | guest |
| der | Geburtsort, -e | 3.1 | birthplace |
| der | Geburtstag | 3.1 | birthday |
| | gefallen* | 4.6 | to please |
| das | Geflügel | 3.8 | poultry |
| der | Gefrierschrank, ~schränke | 3.16 | freezer |
| das | Gefühl, -e | 4.12 | feeling |
| | gehen* | 3.11 | to go, walk |
| | zur Arbeit gehen | 3.7 | to go to work |
| | zu Fuß gehen | 3.11 | to go on foot |
| | gelb | 2.1 | yellow |
| das | Geld, -er | 2.11 | money |
| der | Geldautomat, -en | 2.11 | ATM |
| das | Gemüse, - | 3.8 | vegetables |
| der | Gemüseeintopf, ~töpfe | 3.9 | vegetable stew |
| die | Generation, -en | 3.4 | generation |
| die | Gepäckaufbewahrung, -en | 3.12 | baggage room |
| das | Gepäckband, ~bänder | 3.12 | baggage conveyor |
| der | Gepäckwagen, - | 3.12 | baggage car |
| | geradeaus | 4.8 | straight ahead |
| | Gern geschehen! | 4.4 | You're welcome! |

| | German | Ref | English |
|---|---|---|---|
| die | Gesamtschule, -n | 2.14 | comprehensive school |
| | geschieden sein | 3.4 | to be divorced |
| die | Gesellschaft, -en | 4.5 | society |
| das | Gesicht, -er | 3.2 | face |
| das | Getränk, -e | 3.9 | beverage |
| die | Gewalt | 4.5 | force |
| das | Gewitter, - | 2.10 | thunderstorm |
| die | Giraffe, -n | 2.15 | giraffe |
| | Glas Tee | 3.9 | glass of tea |
| das | Glas, Gläser | 3.14 | glass |
| | glatt | 3.2 | smooth |
| die | Gleichgültigkeit, -en | 4.12 | indifference |
| das | Gleis, -e | 3.12 | track |
| | Herzlichen Glückwunsch! | 4.4 | Congratulations! |
| der | Grafiker, - | 3.6 | commercial artist |
| das | Gramm | 4.9 | gram |
| | grau | 2.1 | gray |
| der | Grieche, -n | 3.3 | Greek |
| | Griechenland | 3.3 | Greece |
| die | Griechin, -nen | 3.3 | Greek woman |
| | griechisch | 3.3 | Greek |
| | groß | 3.2 | big |
| | Großbritannien | 3.3 | Great Britain |
| die | Größe, -n | 4.9 | size |
| die | Großmutter, ~mütter | 3.4 | grandmother |
| der | Großraumwagen, - | 4.10 | large (railroad) car |
| der | Großvater, ~väter | 3.4 | grandfather |
| | grün | 2.1 | green |
| der | Grund, Gründe | 4.5 | reason |
| | keinen Grund sehen | 4.5 | to see no reason |
| die | Grundschule, -n | 2.14 | elementary school |
| der | Gruß, Grüße | 4.1 | greeting |
| | grüßen | 4.1 | to greet |
| die | Gurke, -n | 3.8 | cucumber |
| die | Gutschrift, -en | 2.11 | credit voucher |
| das | Gymnasium, Gymnasien | 2.14 | secondary school |

**H**

| | German | Ref | English |
|---|---|---|---|
| das | Haar, -e | 3.17 | hair |
| der | Hafen, Häfen | 3.13 | port |
| der | Hagel | 2.10 | hail |
| | hageln | 2.10 | to hail |
| der | Hahn, Hähne | 2.15 | rooster |
| das | Hähnchen, - | 3.8 | fryer |
| | halbtags | 3.6 | half a day |
| der | Hals, Hälse | 3.17 | neck |
| der | Halt; ~ machen | 6.6 | stop; to make a ~ |
| der | Haltegriff, -e | 3.11 | strap |
| die | Haltestelle, -n | 3.11 | stop |
| der | Hammer, - | 3.10 | hammer |
| die | Hand, Hände | 3.17 | hand |
| der | Handschuh, -e | 3.19 | glove |
| das | Handy, -s | 3.15 | cell phone |
| der | Hase, -n | 2.15 | hare |
| die | Hauptschule, -n | 2.14 | upper division of elementary school |

121

| | | | |
|---|---|---|---|
| das | Haus, Häuser | 2.12 | house |
| die | Hausfrau, -en | 3.6 | housewife |
| der | Haushalt, -e | 3.6 | household |
| der | Hausmüll | 3.14 | household trash |
| die | Hebamme, -n | 3.6 | midwife |
| der | Heiligabend | 2.5 | Christmas Eve |
| | heiser sein | 4.11 | to be hoarse |
| | heißen* | 3.1 | to be called |
| | helfen* | 3.6 | to help |
| | hell | 2.1 | light |
| das | (Ober-)Hemd, -en | 2.13 | shirt |
| der | Herbst, im ~ | 2.9 | autumn, in the ~ |
| der | Herd, -e | 2.12 | stove |
| die | Herkunft | 3.3 | origin |
| der | Herr, -en | 3.10 | gentleman |
| | heute | 2.8 | today |
| | hin und zurück | 4.10 | round-trip |
| | hinter + Dat | 4.8 | behind |
| das | Hobby, -s | 3.18 | hobby |
| das | Hochhaus, ~häuser | 3.5 | multistory building |
| | höflich | 4.5 | polite |
| | höher | 7.5 | higher |
| | hören | 3.18 | to hear |
| der | Hörer, - | 3.15 | receiver |
| die | Hose, -n | 2.13 | pants |
| das | Hotel, -s | 4.6 | hotel |
| | hübsch | 3.2 | pretty |
| das | Huhn, Hühner | 2.15 | chicken |
| der | Hund, -e | 2.15 | dog |
| | hupen | 3.11 | to honk |
| der | Husten | 4.11 | cough |
| der | Hut, Hüte | 2.13 | hat |

## I

| | | | |
|---|---|---|---|
| | im + Dat | 7.6 | in the |
| | im Preis inbegriffen sein | 4.7 | to be included in the price |
| | immer | 2.7 | always |
| das | Industriegebiet, -e | 3.13 | industrial area |
| | (sich) informieren | 4.5 | to inform (oneself) |
| der | Inhaber, - | 2.11 | bearer |
| die | Innenstadt, ~städte | 3.5 | downtown |
| das | Instrument, -e, ein ~ spielen | 3.18 | instrument, to play an ~ |
| das | Internet, im ~ surfen | 3.15 | Internet, to surf the ~ |
| die | Inter-Rail-Reise | 3.19 | Inter-rail trip |
| | Italien | 3.3 | Italy |
| der | Italiener, - | 3.3 | Italian |
| die | Italienerin, -nen | 3.3 | Italian woman |
| | italienisch | 3.3 | Italian |

## J

| | | | |
|---|---|---|---|
| das | Jahr, -e | 2.7 | year |
| | Ein gutes Neues Jahr! | 4.4 | Happy New Year! |
| die | Jahreszeit, -en | 2.9 | season |
| der | Januar | 2.9 | January |
| die | Jeans, - | 2.13 | jeans |

| | | | |
|---|---|---|---|
| der | Joghurt, -s | 3.8 | yogurt |
| der | Joghurtbecher, - | 3.14 | yogurt cup |
| die/der | Jugendliche, -n | 4.3 | young person |
| der | Juli | 2.9 | July |
| | jung | 3.2 | young |
| der | Juni | 2.9 | June |

## K

| | | | |
|---|---|---|---|
| der | Kaffee, - | 4.7 | coffee |
| der | Kakao, -s | 3.9 | cocoa |
| | kalt | 2.10 | cold |
| die | Kälte | 2.10 | cold |
| das | Kamel, -e | 2.15 | camel |
| das | Kännchen (Kaffee), - | 3.9 | small pot (of coffee) |
| die | Kappe, -n | 2.13 | cap |
| | kaputt sein | 3.12 | to be broken |
| der | Karfreitag | 2.5 | Good Friday |
| der | Karneval | 2.5 | Shrovetide festivities |
| die | Karotte, -n | 3.8 | carrot |
| die | Kartoffel, -n | 3.8 | potato |
| der | Käse, - | 3.8 | cheese |
| der | Käsekuchen, - | 3.9 | cheesecake |
| der | Kassettenrekorder, - | 3.16 | cassette tape recorder |
| der | Kassettenteil, -e | 3.16 | cassette player (of car radio) |
| der | Kassierer, - | 2.11 | cashier |
| der | Katalog, -e | 3.14 | catalogue |
| die | Katze, -n | 2.15 | cat |
| das | Kaufhaus, ~häuser | 3.10 | department store |
| der | Keks, -e | 3.8 | cookie |
| der | Keller, - | 2.12 | waiter |
| die | Kellnerin, -nen | 3.6 | waitress |
| | kennen lernen | 4.6 | to become acquainted with |
| der | Ketschup | 3.9 | ketchup |
| das | Kilo, -s | 4.9 | kilo(gram) |
| das | Kind, -er | 3.2 | child |
| der | Kindergarten, ~gärten | 2.14 | kindergarten |
| das | Kinderzimmer, - | 2.12 | children's room |
| der | Kiosk, -e | 3.10 | kiosk |
| die | Kirche, -n | 4.8 | church |
| die | Kirsche, -n | 3.8 | cherry |
| die | Kiwi, -s | 3.8 | kiwi |
| | klagen | 4.6 | to complain |
| die | Klasse, -n | 4.10 | class |
| das | Kleid, -er | 2.13 | dress |
| der | Kleiderschrank, ~schränke | 2.12 | wardrobe |
| die | Kleidung | 2.13 | clothing |
| | klein | 3.2 | small |
| das | Knie, - | 3.17 | knee |
| der | Knoblauch | 3.8 | garlic |
| der | Koch, Köche | 3.6 | cook |
| | kochen | 3.7 | to cook |
| der | Kochtopf, ~töpfe | 3.10 | cooking pot |
| das | Kompliment, -e | 4.6 | compliment |
| | können* | 7.3 | to be able |

| | | | |
|---|---|---|---|
| die | Konservendose, -n | 3.14 | (tin) can |
| der | Kontinent, -e | 3.3 | continent |
| das | Konzert, -e | 3.7 | concert |
| der | Kopf, Köpfe | 3.17 | head |
| der | Kopf Salat, Köpfe | 4.9 | lettuce |
| der | Kopfhörer, - | 3.16 | headphone |
| der | Körper, - | 3.17 | body |
| | kosten | 4.9 | to cost |
| | krähen | 2.15 | to crow |
| der | Krankenschein, -e | 3.19 | health insurance certificate |
| die | Krankenschwester, -n | 3.6 | nurse |
| | krank | 1.4 | sick |
| der | Kranke, -n | 3.6 | sick person |
| die | Krankheit, -en | 1.4 | disease |
| | kreativ sein | 3.6 | to be creative |
| der | Kredit, -e | 2.11 | credit |
| die | Kreditkarte, -n | 2.11 | credit card |
| die | Kreuzung, -en | 4.8 | crossing |
| das | Krokodil, -e | 2.15 | crocodile |
| die | Küche, -n | 2.12 | kitchen |
| der | Kuchen, -e | 3.8 | built-in kitchen equipment, arranged in a row |
| die | Küchenzeile, -n | 2.12 | cow |
| die | Kuh, Kühe | 2.15 | to cool |
| | kühlen | 3.16 | refrigerator |
| der | Kühlschrank, ~schränke | 3.16 | customer |
| der | Kunde, -n | 2.11 | short |
| | kurz | 3.2 | |

**L**

| | | | |
|---|---|---|---|
| das | Lamm, Lämmer | 3.8 | lamb |
| die | Lampe, -n | 3.10 | lamp |
| das | Land, Länder | 3.3 | country |
| die | Landkarte, -n | 4.12 | map |
| | lang | 3.2 | long |
| der | Laptop, -s | 3.15 | laptop |
| | laufen* | 7.1 | to run |
| | laut | 3.11 | loud |
| | laut sein | 4.7 | to be loud |
| die | Lebensmittel | 3.10 | food, groceries |
| der | Lehrer, - | 3.6 | teacher |
| der | Lehrling, -e | 3.5 | apprentice |
| | leicht | 4.9 | lightweight |
| die | Leiter, -n | 3.10 | ladder |
| | lernen | 3.19 | to learn |
| | lesen* | 3.18 | to read |
| das | Licht, -er | 6.4 | light |
| | lieben | 1.4 | to love |
| | lieblos | 1.4 | unloving |
| die | Liebschaft, -en | 1.4 | love affair |
| | liegen* | 3.19 | to lie |
| der | Likör, -e | 3.9 | liqueur |
| die | Limonade, -n | 3.9 | soda pop |
| der | Linienflug, ~flüge | 3.12 | regularly scheduled flight |
| | links | 3.11 | on the left |
| der | Liter, - | 4.9 | liter |

| | | | |
|---|---|---|---|
| | (es) tut mir Leid | 4.2 | I'm sorry |
| | lockig | 3.2 | curly |
| der | Löwe, -n | 2.15 | lion |
| die | Luft, Lüfte | 3.19 | air |
| die | Luftpost, per ~ | 3.15 | airmail, via ~ |
| die | Lust, Lüste | 4.12 | inclination |

**M**

| | | | |
|---|---|---|---|
| der | Magen, Mägen | 4.11 | stomach |
| der | Magen-Darm-Virus | 4.11 | gastrointestinal virus |
| der | Mai | 2.9 | May |
| | malen | 3.18 | to paint |
| der | Maler, - | 3.6 | painter |
| | manchmal | 2.7 | sometimes |
| der | Mann, Männer | 3.2 | man |
| der | Mantel, Mäntel | 2.13 | coat |
| der | März | 2.9 | March |
| der | Maurer, - | 3.6 | mason |
| die | Maus, Mäuse | 3.15 | mouse |
| das | Medikament, -e | 3.10 | medication |
| das | Meer, -e | 3.13 | ocean |
| die | Meeresfrucht, ~früchte | 3.8 | shellfish |
| | mehr | 7.5 | more |
| die | Mehrfachkarte, -n | 3.12 | multiple-use ticket |
| | mehrmals | 2.7 | repeatedly |
| die | Meinung, -en | 4.5 | opinion |
| | meiner Meinung nach | 4.5 | in my opinion |
| | meistens | 2.7 | usually |
| die | Melone, -n | 3.8 | melon |
| | menschlich | 3.17 | human |
| | messen* | 4.11 | to measure |
| das | Metall, -e | 3.14 | metal |
| die | Metzgerei, -en | 3.10 | butcher's shop |
| | miauen | 2.15 | to meow |
| die | Miete, -n | 3.5 | rent |
| die | Mietwohnung, -en | 3.5 | (rented) apartment |
| die | Milch | 3.8 | milk |
| das | Milchprodukt, -e | 3.8 | dairy product |
| das | Mineralwasser, - | 3.9 | mineral water |
| die | Minute, -n | 2.7 | minute |
| | mitbringen* | 7.2 | to bring along |
| der | Mittag, am ~ | 2.8 | noon, at ~ |
| | (zu) Mittag essen | 3.7 | to eat lunch |
| | mittags | 2.8 | at noon |
| der | Mittagsschlaf, einen ~ halten | 3.7 | afternoon nap, to take an ~ |
| | mittel | 2.1 | medium |
| der | Mittelgang, ~gänge | 4.10 | center aisle |
| der | Mittwoch | 2.8 | Wednesday |
| der | Mixer, - | 3.16 | mixer |
| das | Modell, -e | 4.9 | model |
| das | Modem, -s | 3.15 | modem |
| | mögen/möchten* | 7.3 | to like |
| der | Monat, -e | 2.7 | month |
| der | Montag | 2.8 | Monday |
| | morgen | 2.8 | tomorrow |
| der | Morgen, am ~ | 2.8 | morning, in the ~ |

|  | German | Ref | English |
|---|---|---|---|
|  | Guten Morgen! | 4.1 | Good morning! |
|  | morgens | 2.8 | in the morning |
| der | Motor, -en | 3.14 | motor |
| das | Motorrad, Motorräder | 3.11 | motorcycle |
|  | muhen | 2.15 | to moo |
| der | Müll, ~ trennen | 3.14 | garbage, to separate ~ |
| der | Mund, Münder | 3.17 | mouth |
| das | Museum, Museen | 3.19 | museum |
| die | Musik, ~ hören* | 3.18 | music, to listen to ~ |
|  | müssen* | 3.14 | to have to |
| die | Mutter, Mütter | 3.4 | mother |

**N**

|  | German | Ref | English |
|---|---|---|---|
| der | Nabel, - | 3.17 | navel |
|  | nachdem | 7.10 | after |
| der | Nachmittag, am ~, | 2.8 | afternoon, in the ~ |
|  | nachmittags |  |  |
| die | Nachricht, -en | 3.16 | news |
| die | Nacht, -e, in der ~ | 2.8 | night, at ~ |
|  | Gute Nacht! | 4.1 | Good night! |
|  | nachts | 2.8 | at night |
| die | Nachttischlampe, -n | 2.12 | bedside lamp |
| der | Nagel, Nägel | 3.10 | nail |
|  | nähen | 3.6 | to sew |
| das | Nahrungsmittel | 3.8 | food |
| der | Name, -n | 3.1 | name |
| die | Nase, -n | 3.17 | nose |
| das | Nashorn, ~hörner | 2.15 | rhinoceros |
| die | Nationalität, -en | 3.1 | nationality |
| das | Nationalitäten-zeichen, - | 3.15 | country's identification letter |
| der | Nebel | 2.10 | fog |
|  | neben + Dat/Akk | 7.6 | beside, by |
|  | neblig | 2.10 | foggy |
| der | Neffe, -n | 3.4 | nephew |
|  | nehmen* | 7.1 | to take |
| das | Neujahr | 2.5 | New Year's Day |
|  | Nicht der Rede wert! | 4.4 | Don't mention it! |
|  | nichtalkoholisch | 3.9 | nonalcoholic |
| der | Nichtraucher, - | 4.10 | nonsmoker |
|  | nichts | 7.8 | nothing |
|  | nie | 7.8 | never |
|  | niedrig sein | 4.11 | to be low |
|  | niemand | 7.8 | nobody |
| der | Nikolaustag | 2.5 | St. Nicholas' Day |
| der | November | 2.9 | November |
| die | Nudel, -n | 3.8 | noodle |

**O**

|  | German | Ref | English |
|---|---|---|---|
| das | Obst | 3.8 | fruit |
|  | obwohl | 7.10 | although |
|  | oft | 2.7 | often |
| das | Ohr, -en | 3.17 | ear |
| der | Oktober | 2.9 | October |
| das | Öl, -e | 3.8 | oil |
| die | Oma, -s | 3.4 | grandma |
| der | Onkel, - | 3.4 | uncle |
| der | Opa, -s | 3.4 | grandpa |
|  | orange | 2.1 | orange |
|  | Ostern | 2.5 | Easter |

**P**

|  | German | Ref | English |
|---|---|---|---|
| das | Papier | 3.14 | paper |
| die | Paprika, -s | 3.8 | bell pepper |
| die | Parfümerie, - n | 3.10 | cosmetics store |
| die | Parkuhr, -en | 3.12 | parking meter |
|  | passen | 4.9 | to fit |
| die | Passkontrolle, -n | 3.12 | passport inspection |
| der | Patient, -en | 4.11 | patient |
| die | Person, -en | 4.7 | personal |
| der | Personalausweis, -e | 3.1 | identification card |
| der | Pfeffer | 3.8 | pepper |
| das | Pferd, -e | 2.15 | horse |
| der | Pferdeschwanz, ~schwänze | 3.2 | ponytail |
|  | Pfingsten | 2.5 | Pentecost |
| der | Pfirsich, -e | 3.8 | peach |
| die | Pflaume, -n | 3.8 | plum |
|  | pflegen, Kranke ~ | 3.6 | to take care of, ~ sick people |
| das | Pfund, -e | 4.9 | pound |
| der | Pilot, -en | 3.12 | pilot |
| der | Pilz, -e | 3.8 | mushroom |
| die | Platzreservierung, -en | 4.10 | seat reservation |
|  | plötzlich | 2.7 | suddenly |
| der | Po, -s | 3.17 | fanny |
| der | Pole, -n | 3.3 | Pole |
|  | Polen | 3.3 | Poland |
| die | Polin, -nen | 3.3 | Polish woman |
|  | polnisch | 3.3 | Polish |
| die | Pommes (frites) | 3.9 | french fries |
| die | Post | 4.8 | post office |
| die | Postleitzahl, -en | 3.15 | zip code number |
| der | Preis, -e | 4.7 | price |
|  | preiswert | 4.9 | reasonably priced |
| das | Programm, -e | 3.15 | program |
| der | Programmierer, - | 3.6 | programmer |
| das | Prospekt, -e | 3.14 | brochure |
| der | Pullover, - | 2.13 | sweater |
| der | Puls | 4.11 | pulse |
|  | pummelig | 3.2 | chubby |

**Q**

|  | German | Ref | English |
|---|---|---|---|
| der | Quark | 3.8 | farmer cheese |

**R**

|  | German | Ref | English |
|---|---|---|---|
|  | Rad fahren* | 3.18 | to ride a bike |
| das | Radieschen, - | 3.8 | radish |
| der | Rasierapparat, -e | 3.16 | razor |
|  | rasieren, sich | 3.16 | to shave oneself |
| die | Realschule, -n | 2.14 | equivalent to junior high school |
| die | Rechnung, -en | 4.7 | bill |

| | | | |
|---|---|---|---|
| | rechts | 4.8 | on the right |
| | regelmäßig | 2.7 | regular(ly) |
| der | Regen, ~schauer, - | 2.10 | rain, ~ shower |
| | regnen | 2.10 | to rain |
| | jetzt reicht's | 4.12 | I've had enough |
| der | Reis | 3.8 | rice |
| die | Reise, -n | 4.10 | trip |
| | Gute Reise! | 4.4 | Have a good trip! |
| | reisen | 4.10 | to travel |
| der | Reisepass, ~pässe | 3.19 | passport |
| | reiten* | 3.18 | to ride a horse |
| die | Reparatur, -en | 3.12 | repair |
| der | Rest, -e | 3.14 | remainder |
| das | Restaurant, -s | 3.9 | restaurant |
| das | Rezept, -e | 4.11 | prescription |
| die | Rezeption, -en | 4.7 | reception desk |
| das | Rind, -er | 3.8 | beef |
| die | Robbe, - | 2.15 | seal |
| der | Rock, Röcke | 2.13 | skirt |
| das | Rollfeld, -er | 3.12 | runway |
| | rosa | 2.1 | pink |
| der | Rosenkohl | 3.8 | Brussels sprouts |
| | rot | 2.1 | red |
| der | Rotwein, -e | 3.9 | red wine |
| der | Rücken, - | 3.17 | back |
| | ruhig | 4.7 | quiet |
| | rund | 3.2 | round |
| der | Russe, -n | 3.3 | Russian |
| die | Russin, -nen | 3.3 | Russian woman |
| | russisch | 3.3 | Russian |
| | Russland | 3.3 | Russia |

**S**

| | | | |
|---|---|---|---|
| die | Safari, -s | 3.19 | safari |
| | sagen | 7.1 | to say |
| die | Säge, -n | 3.10 | saw |
| die | Sahne, ~ schlagen | 3.8 | cream, to whip ~ |
| die | Sahnetorte, -n | 3.9 | whipped-cream cake |
| der | Salat, -e | 3.8 | salad |
| der | Salatteller, - | 3.9 | salad plate |
| das | Salz | 3.8 | salt |
| der | Samstag | 2.8 | Saturday |
| | saugen, weg~ | 3.16 | to vacuum, ~ up |
| | schade ... | 4.6 | too bad ... |
| | schaden | 4.5 | to harm |
| das | Schaf, -e | 2.15 | sheep |
| der | Schal, -s | 2.13 | scarf |
| der | Schalter, - | 2.11 | counter, window |
| der | Schauspieler, - | 3.6 | actor |
| | scheinen* | 2.10 | to shine |
| der | Schinken, - | 3.8 | ham |
| das | Schlafzimmer, - | 2.12 | bedroom |
| | schlagen | 3.16 | to beat |
| | schlank | 3.2 | slender |
| das | Schließfach, ~fächer | 3.12 | baggage locker |
| | schließlich | 2.7 | finally |
| | Schlittschuh laufen | 3.18 | to skate |

| | | | |
|---|---|---|---|
| | schlucken | 4.11 | to swallow |
| der | Schlüssel, - | 3.10 | key |
| der | Schlüsseldienst, -e | 3.10 | key service |
| | schmal | 3.2 | narrow |
| | schmecken, gut ~ | 4.5 | to taste, ~ good |
| die | Schmerzen | 4.11 | pains |
| der | Schmutz | 3.16 | dirt |
| der | Schnaps, Schnäpse | 3.9 | (hard) liquor |
| der | Schnee | 2.10 | snow |
| die | Schneiderin, -nen | 3.6 | tailor |
| | schneien | 2.10 | to snow |
| das | Wiener Schnitzel, - | 3.9 | Wiener schnitzel |
| die | Schokolade, -n | 3.8 | chocolate |
| | schonen, sich | 4.11 | to look after one's health |
| der | Schraubenschlüssel, - | 3.10 | wrench |
| | schreiben* | 3.7 | to write |
| die | Schreibwaren | 3.10 | stationery |
| der | Schuh, -e | 2.13 | shoe |
| die | Schule, -n | 2.14 | school |
| die | Schulter, -n | 3.17 | shoulder |
| die | Schüssel, -n | 3.10 | bowl |
| | schwarz | 2.1 | black |
| das | Schwein, -e | 2.15 | pig |
| die | Schwester, -n | 3.4 | sister |
| die | Schwiegertochter, ~töchter | 3.4 | daughter-in-law |
| | schwimmen | 3.18 | to swim |
| | schwindelig | 4.11 | dizzy |
| der | See, -n | 3.13 | lake |
| die | Seife, -n | 3.10 | soap |
| der | Sekt | 3.9 | sparkling wine |
| die | Sekunde, -n | 2.7 | second |
| | selbstständig sein | 3.6 | to be independent |
| | selten | 2.7 | seldom |
| die | Sendung, -en | 4.5 | shipment |
| der | Senf | 3.9 | mustard |
| der | September | 2.9 | September |
| der | Sessel, - | 2.12 | armchair |
| das | Shampoo, -s | 3.14 | shampoo |
| die | Sicherheitskontrolle, -n | 3.12 | security check |
| das | Sieb, -e | 3.10 | sieve |
| | Silvester | 2.5 | New Year's Eve |
| | singen* | 3.18 | to sing |
| | sitzen*, gut ~ | 4.9 | to fit, ~ well |
| die | Situation, -en | 4 | situation |
| | Ski fahren* | 3.18 | to ski |
| der | Skischuh, -e | 3.19 | ski boot |
| die | Socke, -n | 2.13 | sock |
| das | Sofa, -s | 2.12 | sofa |
| der | Sohn, Söhne | 3.4 | son |
| | sollen | 7.3 | to be supposed to |
| der | Sommer, im ~ | 2.9 | summer, in the ~ |
| | sommerlich | 2.10 | summery |
| die | Sonne | 2.10 | sun |
| der | Sonnenhut, ~hüte | 3.19 | sun hat |
| der | Sonntag | 2.8 | Sunday |
| das | Souterrain | 3.5 | basement |
| | Spanien | 3.3 | Spain |

| | German | Ref | English |
|---|---|---|---|
| der | Spanier, - | 3.3 | Spaniard |
| die | Spanierin, -nen | 3.3 | Spaniard |
| | spanisch | 3.3 | Spanish |
| der | Spaß, Späße | 4.4 | fun |
| | Viel Spaß! | 4.4 | Have fun! |
| | später | 4.2 | later |
| | spazieren gehen* | 3.7 | to go for a walk |
| | speichern, eine Datei ~ | 3.15 | to store, ~ a database |
| die | Speisekarte, -n | 3.9 | menu |
| | sperren, die Kreditkarte ~ | 2.11 | to freeze, ~ the credit card |
| das | Spezi, -s | 3.9 | *mixture of cola and orange soda* |
| die | Spezialität, -en | 4.7 | specialty |
| der | Spiegel, - | 2.12 | mirror |
| | spielen | 3.7 | to play |
| der | Spielplatz, ~plätze | 4.8 | playground |
| das | Spielzeug, -e | 3.10 | toy |
| der | Spinat | 3.8 | spinach |
| der | Sport | 3.10 | sport |
| der | Sport, ~treiben* | 3.18 | to play a sport |
| die | Sprache, -n | 3.3 | language |
| die | Spraydose, -n | 3.14 | spray can |
| | sprechen* | 4.5 | to speak |
| die | Spüle, -n | 2.12 | sink unit |
| die | Stadtführung, -en | 3.19 | city tour |
| das | Stadtviertel, - | 3.5 | part of town |
| der | Stau, -s | 3.11 | traffic jam |
| der | Staub | 3.16 | dust |
| der | Staubsauger, - | 3.16 | vacuum cleaner |
| | stehen* | 7.1 | to stand |
| der | Stehimbiss, -e | 3.9 | stand-up snack bar |
| | stellen | 3.7 | to put |
| der | Stempel, - | 3.15 | postmark |
| die | Stereoanlage, -n | 3.16 | stereo set |
| die | Stewardess, -en | 3.12 | stewardess |
| der | Stiefel, - | 2.13 | boot |
| der | Stil, - | 4.9 | style |
| der | (erste) Stock | 2.4 | (first) floor |
| der | Strand, Strände | 3.13 | beach |
| die | Straßenbahn, -en | 3.11 | streetcar |
| | stricken | 3.18 | to knit |
| die | Strumpfhose, -n | 2.13 | panty hose |
| das | Stück, -e | 4.9 | piece |
| der | Stuhl, Stühle | 2.12 | chair |
| die | Stunde, -n | 2.7 | hour |
| der | Supermarkt, ~märkte | 4.8 | supermarket |
| | surfen | 3.18 | to surf |
| die | Süßigkeit, -en | 3.8 | sweet |

**T**

| | German | Ref | English |
|---|---|---|---|
| der | Tag, -e | 2.7 | day |
| der | Tag der Arbeit | 2.5 | Labor Day |
| | Guten Tag! | 4.1 | Good day! |
| der | Tagesablauf, ~läufe | 3.7 | daily routine |
| das | Tal, Täler | 3.13 | valley |
| die | Tankstelle, -n | 3.12 | filling station |
| die | Tante | 3.4 | aunt |
| | tanzen | 3.18 | to dance |
| die | Tapete, -n | 3.10 | wallpaper |
| die | Tasche, -n | 5.1 | bag |
| die | Taschenlampe, -n | 3.19 | flashlight |
| die | Tasse, -n | 3.10 | cup |
| die | Tatsache, -n | 4.5 | fact |
| | tauchen | 3.18 | to dive |
| die | Taucherbrille, -n | 3.19 | diver's goggles |
| das | Taxi, -s | 3.11 | taxi |
| der | Taxifahrer, - | 3.6 | taxi driver |
| der | Tee, -s | 3.9 | tea |
| | teilnehmen* | 3.19 | to take part |
| das | Telefon, -e | 3.15 | telephone |
| die | Telefonkarte, -n | 3.15 | telephone card |
| die | Telefonzelle | 3.15 | telephone booth |
| der | Teller, - | 3.10 | plate |
| die | Temperatur, -en | 4.11 | temperature |
| das | Tennis, ~ spielen | 3.18 | tennis, to play ~ |
| der | Teppich, -e | 2.12 | carpet |
| der | Terminal, -s | 3.12 | terminal |
| | teuer | 2.11 | expensive |
| das | Theater, - | 3.18 | theater |
| | tief | 2.1 | deep |
| | tiefgefroren | 3.16 | deep-frozen |
| das | Tier, -e | 2.15 | animal |
| der | Tiger, - | 2.15 | tiger |
| der | Tisch, -e | 2.12 | table |
| der | Toaster, - | 3.10 | toaster |
| die | Tochter, Töchter | 3.4 | daughter |
| die | Toilette, -n | 2.12 | toilet |
| die | Tomate, -n | 3.8 | tomato |
| | tragbar | 3.16 | portable |
| die | Tragetasche, -n | 3.14 | carrier bag |
| die | Trauer | 4.12 | sorrow |
| | treffen, sich mit jm. ~ | 3.7 | to meet, ~ with s.o. |
| die | Treppe, -n | 2.12 | stairs |
| | trinken* | 3.7 | to drink |
| | trocken | 2.10 | dry |
| | trocknen, sich die Haare ~ | 3.16 | to dry, ~ one's hair |
| das | T-Shirt, -s | 2.13 | T-shirt |
| der | Turnschuh, -e | 2.13 | sneaker |

**U**

| | German | Ref | English |
|---|---|---|---|
| | üben | 7.1 | to practice |
| | über + Dat/Akk | 7.6 | over, across |
| | sich übergeben* | 4.11 | to throw up |
| | überholen | 3.11 | to pass |
| | übermorgen | 2.8 | day after tomorrow |
| die | Überraschung, -en | 4.12 | surprise |
| | überweisen, Geld ~ | 2.11 | to transfer, ~ money |
| die | Überweisung, -en | 2.11 | transfer |
| das | Ufer, - | 3.13 | shore |
| die | Uhr, -en | 2.6 | clock, watch |

| | German | Ref | English |
|---|---|---|---|
| die | Uhrzeit, -en | 2.6 | time (of day) |
| die | Umwelt, -en | 3.14 | environment |
| | unbekannt | 4.3 | unknown |
| | undeutlich | 4.5 | unclear |
| | unglaublich | 4.12 | unbelievable |
| die | Universität, -en | 2.14 | university |
| | unter + Dat/Akk | 7.6 | under |
| die | Unterhose, -n | 2.13 | underpants |
| der | Unternehmer, - | 3.6 | entrepreneur |
| | unterschreiben* | 2.11 | to sign |
| die | Unterschrift, -en | 3.1 | signature |
| | untersuchen | 4.11 | to examine |
| die | Unterwäsche | 3.19 | underwear |
| der | Urlaub, in ~ fahren* | 3.19 | vacation, to go on ~ |
| die | USA | 3.3 | USA |

**V**

| | German | Ref | English |
|---|---|---|---|
| der | Valentinstag | 2.5 | Valentine's Day |
| der | Vanillepudding, -s | 3.9 | vanilla pudding |
| der | Vater, Väter | 3.4 | father |
| die | Verabschiedung, -en | 4.1 | farewell |
| | sich verlaufen* | 7.2 | to lose one's way |
| | sich verlieben | 1.4 | to fall in love |
| | verlieren* | 7.2 | to lose |
| die | Verpackung, -en | 3.14 | packing |
| | verschreiben | 4.11 | to prescribe |
| | verstehen* | 4.5 | to understand |
| | sich verwählen | 4.2 | to dial the wrong number |
| die/der | Verwandte, -n | 4.3 | relative |
| das | Videogerät, -e | 3.16 | VCR |
| | viel | 3.19 | much |
| das | Viertel Wein, - | 3.9 | 1/4 liter of wine |
| die | Villa, Villen | 3.5 | villa |
| | violett | 2.1 | violet |
| | vor + Dat/Akk | 7.6 | in front of |
| die | Vorbereitung, -en | 4.10 | preparation |
| | vorgestern | 2.8 | day before yesterday |
| | vorlesen* | 7.2 | to read aloud |
| der | Vormittag, am ~ | 2.8 | morning, in the ~ |
| | vorn(e) | 4.8 | in front |
| der | Vorname, -n | 3.1 | first name |
| | sich vorstellen | 4.1 | to introduce oneself |
| die | Vorwahl, -en | 4.2 | telephone prefix |

**W**

| | German | Ref | English |
|---|---|---|---|
| | während | 7.10 | during |
| der | Wald, Wälder | 3.13 | woods |
| der | Walkman, Walkmen | 3.16 | Walkman |
| | wandern | 3.18 | to hike |
| der | Wanderurlaub | 3.19 | hiking vacation |
| die | Wandfarbe, -n | 3.10 | wall color |
| | wann | 7.7 | when |

| | German | Ref | English |
|---|---|---|---|
| | warm | 2.10 | warm |
| | warm laufen* | 3.14 | to run warm |
| die | Wartehalle, -n | 3.12 | (bus stop) shelter |
| | warum | 7.7 | why |
| das | Waschbecken, - | 2.12 | washbasin |
| die | Wäsche, ~waschen | 3.16 | laundry, to wash ~ |
| | sich waschen* | 3.7 | to wash oneself |
| die | Waschgelegenheit, -en | 4.7 | washing facility |
| die | Waschmaschine, -n | 3.16 | washing machine |
| das | Waschmittel, - | 3.14 | laundry detergent |
| | wechseln, Geld ~ | 2.11 | to change, ~ money |
| der | Wecker, den ~ stellen | 3.7 | alarm clock, to set the ~ |
| der | Weg, -e | 4.8 | way |
| | wegfahren* | 7.2 | to go away |
| | jm wehtun* | 4.11 | to hurt s.o. |
| | weil | 7.10 | because |
| die | Weintraube, -n | 3.8 | grape |
| | weiß | 2.1 | white |
| | weiterfahren* | 7.2 | to go on, continue |
| | wenn | 7.10 | when, if |
| das | Wetter | 2.10 | weather |
| | widersprechen* | 7.2 | to contradict |
| | wie | 7.7 | how |
| | wie geht's? | 4.6 | How are you? |
| | wie viel | 7.7 | how much |
| die | Wiese, -n | 3.13 | meadow |
| der | Wind, windig | 2.10 | wind, windy |
| der | Winter | 2.9 | winter |
| | wissen* | 7.1 | to know |
| die | Woche, -n | 2.7 | week |
| das | Wochenende, am ~ | 2.8 | weekend, on the ~ |
| | wohnen | 3.1 | to live |
| die | Wohngemeinschaft, -en | 3.5 | commune |
| das | Wohnheim, -e | 3.5 | dormitory |
| die | Wohnung, -en | 2.12 | apartment |
| das | Wohnzimmer, - | 2.12 | living room |
| der | Wolf, Wölfe | 2.15 | wolf |
| | wollen | 7.3 | to want |
| | womit | 7.7 | with what |
| | wunderbar sein | 4.12 | to be wonderful |
| der | Wunsch, Wünsche | 4.4 | wish |
| die | Wurst | 3.8 | sausage |
| das | Würstchen, - | 3.8 | small sausage |
| die | Wut | 4.12 | rage |

**Z**

| | German | Ref | English |
|---|---|---|---|
| der | Zahn, Zähne | 3.17 | tooth |
| | Zähne putzen | 3.7 | to brush teeth |
| | zart | 2.1 | delicate |
| das | Zebra, -s | 2.15 | zebra |
| die | Zehe, -n | 3.17 | toe |
| die | Zeit, -en | 3.19 | time |
| die | Zeitschrift, -en | 3.14 | magazine |
| die | Zeitung, -en | 3.10 | newspaper |
| das | Ziel, -e | 4.10 | goal |

| | | | |
|---|---|---|---|
| das | Zimmer, - | 3.5 | room |
| der | Zucker | 3.8 | sugar |
| die | Zugauskunft | 3.12 | train information |
| | zurückrufen* | 4.2 | to call back |

| | | | |
|---|---|---|---|
| der | Zuschlag, ~schläge | 3.12 | surcharge |
| die | Zustimmung, -en | 4.5 | agreement |
| | zutreffen* | 2.11 | to be true |
| die | Zwiebel, -n | 3.8 | onion |